POLYGLOTT on tour

Flandern

W0054893

Beate Kirchner
studierte Politologie in München und
Florenz und arbeitet als Autorin für
Reisebücher sowie für verschiedene
Zeitschriften und Lifestylemagazine
mit Schwerpunkt Städtereisen. Die
Kunststädte Flanderns gehören zu
ihren bevorzugten Zielen.

Das System der POLYGLOTT Sterne

Auf Ihrer Reise weisen Ihnen die Polyglott-Sterne den Weg zu den bedeutendsten Sehenswürdigkeiten aus Natur und Kultur. Für die Vergabe orien-
tieren sich Autoren und Redaktion am UNESCO-Welterbe.
*** eine Reise wert   ** einen Umweg wert   * sehr sehenswert

Unsere Preissymbole bedeuten:

Hotel (DZ)		Restaurant (Menü)	
●●●	über 250 €	●●●	über 45 €
●●	150 bis 250 €	●●	25 bis 45 €
●	unter 150 €	●	unter 25 €

POLYGLOTT Top 12 .... Umschlag vorne

Reiseplanung

Land & Leute

Café De Proeverje
Kate Lijnestraat 1
Schokolade: The chocolate Line

Unterwegs in Flandern

Brüssel und Flämisch-Brabant

Brüssel lockt mit dem schönsten Marktplatz des Landes und prachtvollen Jugendstilbauten; in Flämisch-Brabant halten kleine Hausbrauereien eine einzigartige Bierkultur lebendig.

Café Gulliver Tree

Antwerpen und Provinz

In Antwerpen wandelt man auf den Spuren von Rubens; in der Provinz gibt es schmucke Städtchen wie Mechelen und Lier sowie geschichtsträchtige Klöster zu entdecken.

Waffeln; OYYA

Brügge und Westflandern 95

Brügges mittelalterliche Altstadt zählt zum UNESCO-Weltkulturerbe, Kortrijk ist Belgiens heimliche Designhauptstadt. An der
Nordseeküste reihen sich 13 Badeorte mit endlosen Sandstränden.

Gent und Ostflandern 117

In Gent überwältigen die mittelalterliche Skyline und der Genter
Altar, eines der berühmtesten Kunstwerke der Welt. Ein Dorado
für Radsportfans sind die flämischen Ardennen.

Karten

Reiseplanung

Die Reiseregion im Überblick

So viel Kunst und Kultur auf kleinstem Raum! Flandern war bereits im Mittelalter eine der reichsten Regionen Europas, wovon bis heute prachtvolle Architekturdenkmäler zeugen: reich verzierte Rathäuser und Tuchhallen, hoch aufragende Belfriede, imposante Kathedralen. Die Museen sind reich bestückt mit Kunstwerken von Meistern wie Jan van Eyck, Hans Memling, Peter Paul Rubens und Anthonis van Dyck. Maximal eine Stunde Zugfahrt liegt zwischen den großen Kunststädten Brüssel, Antwerpen, Gent und Brügge, von denen jede ihre eigene Geschichte und ihr unverwechselbares Flair besitzt.

Brüssel ist multikulturell und kosmopolitisch. Es punktet mit dem schönsten Marktplatz und den bedeutendsten Museen des Landes, prachtvollen Jugendstilbauten und bunten Flohmärkten. Ungewöhnlich hoch ist die Dichte an Gourmetrestaurants, die mit kreativer Küche aus aller Welt überraschen. Das barocke Malergenie Rubens hinterließ in seiner Heimatstadt **Antwerpen** zahlreiche Meisterwerke. In den Schaufenstern stellen belgische Modemacher ihren Ideenreichtum unter Beweis, und im neuen Ausgehviertel am Alten Hafen legen in ehemaligen Lagerhallen angesagte DJs auf. **Brügge** ist die Romantikerin unter den Kunststädten. Ein Rundgang durch die Altstadt, die zum UNESCO-Weltkulturerbe gehört, versetzt den Besucher ins Mittelalter, stimmungsvoller Höhepunkt ist ein Spaziergang entlang der malerischen Grachten. **Gent** ist berühmt für seine einzigartige, von drei mittelalterlichen Türmen geprägte Skyline. Für ein Kontrastprogramm sorgt das quirlige Studentenleben in den Kopfsteingassen der Altstadt.

Mit weiteren Highlights begeistert das Umland der großen Kunststädte: Vor den Toren Brüssels laden romantische Wasserschlösser zu einem Ausflug ein. Im bäuerlichen Pajottenland wandelt man auf den Spuren Pieter Bruegels. Die Provinz **Flämisch-Brabant** genießt bei Bierkennern legendären Ruf. Viele kleine Hausbrauereien halten eine in Europa einzigartige Bierkultur lebendig. Das Kriek- und Guezebier verdient es, als Original vor Ort verkostet zu werden. Die alte Universitätsstadt Leuven lockt mit der »längsten Theke der Welt«, das schmucke Diest mit dem malerischsten Beginenhof Flanderns.

In der **Provinz Antwerpen** schlängelt sich die Lier durch die grüne Landschaft und bezaubernde kleine Städte wie Mechelen oder Lier sind zu entdecken. Kiefernwälder und Moore prägen das Antwerpener Kempenland, wo die Abteienroute zu weltabgewandten Orten der Stille führt. Im 1140 gegründeten Norbertinerkloster Postel kann man nach Rezepturen der Mönche gebrautes Bier und einen traditionell hergestellten Klosterkäse kosten.

Im äußersten **Westen Flanderns,** der Westhoek, erstreckt sich Belgiens bedeutendstes Hopfenanbaugebiet mit dem Städtchen Poperinge als Zentrum. Rund um Ieper tobten einige der verlustreichsten Schlachten des Ersten Weltkriegs, dessen Schrecken ein einzigartiges Museum im Stadthuis lebendig hält. Kortrijk ist Belgiens heimliche Designhauptstadt. Nur 15 km von Brügge rauscht die Nordsee: An der 67 km langen Küste reihen sich 13 Badeorte mit endlosen Sandstränden.

In **Ostflandern** liegt vor den Toren von Gent das Märchenschloss Laarne. Eine Tour entlang der Leie führt durch die malerische Landschaft, die im 19. Jh. die Künstler der Latemer Schule inspirierte. Für Radsportfans sind die flämischen Ardennen ein Muss: Hier kann man sich auf die Spuren von Eddie Merckx begeben und die »Ronde van Vlaanderen« nachfahren – komplett oder auf Teilstrecken.

Die schönsten Touren

Die flämischen Kunststädte

─①─ Brüssel ❯ Antwerpen ❯ Brügge ❯ Gent ❯ Brüssel

Dauer und Länge:
4 Tage; ca. 250 km

Verkehrsmittel:
Wer mit dem Zug fährt, spart sich die teuren Parkgebühren. Das gute Schienennetz ist eine echte Alternative zum Pkw. Zwischen den Städten verkehren die Züge zum Teil zweimal pro Stunde, auf jeden Fall stündlich (www.belgianrail.be), Fahrzeiten mit Direktzügen von maximal 1 Std. zu Preisen von 6 € bis 9 €.

Die Tour startet in *****Brüssel ❯** S. 44 auf der *****Grand-Place ❯** S. 44, einem der schönsten Plätze der Welt. An den Fassaden der prächtigen Zunft- und Gildehäuser kann man die Geschichte der Stadt studieren. Nahebei wölbt sich eine prachtvolle Glaskuppel über den ****Galeriés Royales Saint-Hubert ❯** S. 45, Europas erster überdachter Einkaufspassage von 1846. Die Kathedrale des Schutzheiligen von Brüssel, ****Saint Michel ❯** S. 51, ist die Nationalkirche des Königreichs Belgien. Der prachtvolle ***Palais Royal ❯** S. 50 wurde Anfang des 20. Jhs. von König Leopold II. im Stil Ludwigs XVI. umgebaut. Nicht weit davon entfernt

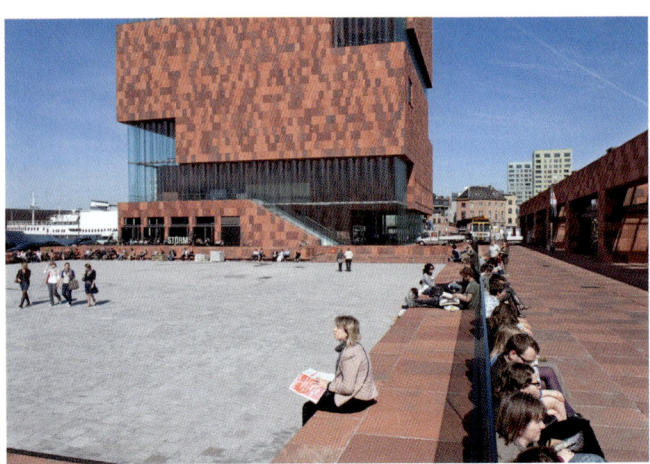

Antwerpens neues Architekturhighlight: das Museum aan de Stroom

liegen die ** Musées Royaux des Beaux-Arts ❭ S. 48, deren Sammlung von Meisterwerken flämischer Malerei Weltrang besitzt.

Gerade einmal 50 km nördlich von Brüssel erwartet den Bahnreisenden in ***Antwerpen ❭ S. 70 gleich bei der Ankunft das erste Highlight: die imposante »Eisenbahnkathedrale«, wie die Antwerpener ihren *Hauptbahnhof ❭ S. 76, nennen. In den prachtvoll ausgestatteten Wohnräumen des **Rubenshauses ❭ S. 78 bekommt man einen Eindruck vom luxuriösen Lebensstil des Malerfürsten. Zwei Meisterwerke des großen Barockmalers sind in der **Liebfrauenkathedrale ❭ S. 71 zu sehen, dem größten gotischen Sakralbau Belgiens. Am **Grote Markt ❭ S. 70 bezaubert das historische Ensemble aus Rathaus und reich verzierten Zunfthäusern. Zum UNESCO-Weltkulturerbe gehört das ***Museum Plantin-Moretus ❭ S. 72 mit einer komplett erhaltenen Druckereiwerkstatt aus Renaissance und Barock. Nicht weit vom Zentrum entfernt steht am alten Hafen der markante Backsteinkubus des **Museum aan de Stroom – MAS ❭ S. 75, das die eng mit der Seefahrt verbundene Geschichte Antwerpens dokumentiert.

Die romantischste Stadt auf dieser Tour ist zweifelsohne ***Brügge ❭ S. 97 mit seiner fast vollständig erhaltenen mittelalterlichen Innenstadt. Der **Grote Markt ❭ S. 98 mit dem imposanten Belfried und die **Burg ❭ S. 98 bilden prachtvolle architektonische Ensembles. Die **Heiligblutbasilika ❭ S. 98 besitzt eine kostbare Reliquie aus dem Heiligen Land, in der **Liebfrauenkirche ❭ S. 101 ist eine Skulptur von Michelangelo zu bewundern. Im **Groeningemuseum ❭ S. 100 erwarten den Besucher Meisterwerke altflämischer Malerei u. a. von Jan van Eyck, Hugo van der Goes und Hans Memling. Brügges **Beginen-

hof Ten Wijngaarde ❭ S. 103 zählt zu den malerischsten Flanderns. Ein idyllischer Ort ist auch das *Minnewater ❭ S. 103, einst Anlegestelle für Frachtschiffe, heute ein Treffpunkt verliebter Pärchen.

Mitten in ***Gent ❭ S. 119 steht eine der mächtigsten Wasserburgen Europas: der **Gravensteen** ❭ S. 120 aus dem 12. Jh., erbaut als Sitz der Grafen von Flandern. In der **Sint-Baafskathedraal** ❭ S. 122 ist eines der berühmtesten und zugleich rätselvollsten Kunstwerke der Welt zu bestaunen: der **Genter Altar** ❭ S. 123 der Gebrüder van Eyck. Der 91 m hohe **Belfried** ❭ S. 121, Stolz der Genter Bürger, kann bestiegen werden und bietet einen prachtvollen Ausblick über die Stadt. Zauberhafte Fotomotive liefern die **Gras- und Korenlei** ❭ S. 120 mit ihren historischen Gilde- und Lagerhäusern aus Mittelalter und Barock. Die beiden Prachtufer bildeten einst den Hafen Gents.

Große Flandernrundfahrt

─2─ Brüssel ❭ Geraardsbergen ❭ Oudenaarde ❭ Kortrijk ❭ Ieper ❭ Veurne ❭ Brügge ❭ Damme ❭ Gent ❭ Antwerpen ❭ Leuven ❭ Mechelen ❭ Brüssel

Dauer und Länge
10–14 Tage; ca. 450 km

Verkehrsmittel:
Mit dem Pkw ist man am flexibelsten, die Tour lässt sich aber auch mit dem Zug durchführen (www.belgianrail.be).

Der erste Tag ist der Besichtigung von ***Brüssel ❭ S. 44 gewidmet, am nächsten Morgen geht es 40 km Richtung Westen nach **Geraardsbergen** ❭ S. 136 in die flämischen Ardennen. Das Städtchen präsentiert sich charmant mit schönem Marktplatz und Belgiens ältestem Manneken Pis (1455). Noch einmal 30 km weiter westlich liegt *Oudenaarde ❭ S. 137, das ab dem 15. Jh. durch seine kunstvollen Wandteppiche Wohlstand erlangte. Am nächsten Morgen erreicht man die Westhoek. **Kortrijk** ❭ S. 114 ist nach ca. 30 km der erste Stop. Ein Spaziergang durch die Stadt führt über den malerischen Marktplatz mit dem gotischen Stadhuis und der Onze-Lieve-Vrouwkerk. Kortrijks Beginenhof gilt vielen als der schönste Flanderns. Nächstes Etappenziel ist das etwa 30 km entfernte **Ieper** (Ypern) ❭ S. 115, Schauplatz einiger der verlustreichsten Schlachten des Ersten Weltkriegs. In der wiederaufgebauten Lakenhalle am prächtigen Marktplatz erinnert das In Flanders Fields Museum an die Hunderttausende gefallene Soldaten.

Cafés am Grote Markt in Brügge

Auf dem malerischen Marktplatz von *Veurne › S. 116 (32 km) erfreuen sich Besucher des romantischen Flairs des Städtchens. Nun sind es keine 10 km mehr bis zum Meer! *De Panne › S. 113 ist das Dorado der Strandsegler, 40 km weiter östlich lockt das quirlige Oostende › S. 111 mit Kunst und Kultur. Am nächsten Morgen lädt die Promenade des nostalgischen Seebads *De Haan › S. 110 (14 km) zu einem zweiten Frühstück ein, bevor es in ***Brügge › S. 97 (17 km) auf eine bleibende Eindrücke versprechende Sightseeingtour geht. Am folgenden Tag lohnt ein Abstecher Richtung Norden ins Till-Eulenspiegel-Städtchen *Damme › S. 107. 50 km sind es von hier nach ***Gent › S. 119, wo alte Kunst und modernes Design die Stadtbesichtigung zu einer Zeitreise werden lassen. 60 km nordwestlich von Gent gilt es, die vielseitige Hafenstadt ***Antwerpen › S. 70 zu erkunden, wobei es keinesfalls nur dem barocken Malerfürsten Peter Paul Rubens die Aufwartung zu machen gilt. Am besten macht man sich gleich morgens auf den Weiterweg nach **Mechelen › S. 87 (25 km). Um 11.30 Uhr findet samstags das Glockenspielkonzert auf dem Grote Markt statt (sonntags um 15 Uhr). Die alte Universitätsstadt **Leuven › S. 64 wartet mit dem schönsten Rathaus Belgiens auf. Von hier geht es zurück nach Brüssel (30 km).

Flandern für Genießer

—③— Brüssel › Leuven › Hoegaarden › Abdij Postel › Antwerpen
› Gent › Brügge › Blankenberge › Oostende › Poperinge › Brüssel

Dauer und Länge:
8 Tage; ca. 520 km

Verkehrsmittel:
Die Tour ist sowohl mit dem Pkw als auch mit einer Kombination aus Zug (www.belgianrail.be) und Überlandbussen des Unternehmens De Lijn (www.delijn.be) durchführbar; wer mit Bus und Bahn fährt, sollte allerdings etwas mehr Zeit mitbringen.

Die Genießertour durch Flandern beginnt in *****Brüssel ❯** S. 44, wo die Fressgasse **Rue des Bouchers ❯** S. 45, wegen der zahlreichen Cafés und Restaurants auch »Bauch von Brüssel« genannt, zum angenehmen Pflichtprogramm gehört. Angesichts der kunstvoll zu Stillleben arrangierten Meeresfrüchte in den Schaufenstern läuft einem das Wasser im Mund zusammen. Der Apotheker Jean Neuhaus kreierte 1912 in Brüssel die erste Schokoladenpraline der Welt, in den ****Galéries Royales St-Hubert ❯** S. 45 kann man sie im Traditionsgeschäft probieren. Wer sich für Mode und Trends interessiert oder Lust auf einen Schaufensterbummel hat, darf die **Avenue Louise ❯** S. 60 in der Oberstadt auf keinen Fall auslassen. Die besten Fritten Flanderns bekommt man beim Imbiss »Maison Antoine« im **Europaviertel ❯** S. 56.

Nächste Touretappe ist das 25 km östlich liegende ****Leuven ❯** S. 64: alte Universitätsstadt und gleichzeitig Bierhauptstadt Belgiens! Wer möchte, wird hier in die Bierkultur Flanderns eingeführt. An der »längsten Theke der Welt« kann man viele der in den über 40 Brauereien der Region hergestellten Biere probieren. In Leuven sollte man übernachten, bevor am nächsten Tag in **Hoegaarden ❯** S. 66 (25 km) eine Kostprobe von Belgiens bestem Weißbier auf dem Programm steht. Etwa 30 km weiter nordöstlich kann man in der mittelalterlichen **Abdij Postel ❯** S. 94 das nach dem Rezept der Norbertinermönche gebraute Postelbier probieren. Nur 25 km sind es nun bis zur Rubensstadt *****Antwerpen ❯** S. 70**,** die zu einer ausgiebigen Genießer- und Shoppingtour einlädt. In der **Nationalestraat ❯** S. 85 reihen sich die Flagshipstores großer belgischer Designer wie Dries Van Noten aneinander. Im »De Vagant« in der Reyndersstraat 25 muss man unbedingt **Genever** kosten, über 200 Sorten stehen in dem Traditionslokal zur Auswahl (Mo–Sa ab 11, So ab 12 Uhr).

Am nächsten Tag locken in *****Gent** (60 km) **❯** S. 119 im ***Groot Vleeshuis ❯** S. 124 leckere ostflämische Spezialitäten wie Gandaschinken. Ein Besuch beim traditionsreichen **Senfhersteller Tierenteyn ❯** S. 130 kann zur kulinarischen Offenbarung werden. Und die drei jungen preisgekrönten Starköche, die sich **Flemish Foodies ❯** S. 128 nennen, zaubern kreative Gerichte aus Zutaten der Region – als Mittagsmenü schon ab 25 €. In der Schokoladenhauptstadt *****Brügge ❯** S. 97 (55 km) geben ein **Schokoladenmuseum**

Groot Vleeshuis in Gent

❯ S. 103 und knapp 50 Chocolaterien Gelegenheit zu Kostproben – das Spektrum reicht von Klassikern mit Nougatfüllung bis zu Kreationen mit Rettich oder Röstzwiebeln. Im privaten **Frietmuseum** ❯ S. 103 erfährt man alles Wissenswerte über Belgiens kulinarischen Exportschlager. Wer auf dem Rundgang Lust auf Pommes bekommen hat, kann sie in der hauseigenen »Frituur« probieren – stilecht in der Tüte serviert, mit unterschiedlichen, selbstgemachten Würzsoßen. Nur noch 15 km und man schnuppert Meeresbrise. In **Blankenberge** ❯ S. 110 servieren Fischrestaurants die besten Austern der Nordsee, während die Spezialität von **Oostende** ❯ S. 111 handgeschälte Garnelen sind – die frischesten bekommt man an der Vistrap auf dem Visserskaai. Wieder 60 km landeinwärts in der Westhoek dreht sich in **Poperinge** ❯ S. 116, Belgiens Zentrum des Hopfenanbaus, erneut alles ums Bier. Besonders lohnend ist ein Abstecher zur Abtei Sint Sixtus in **Vleteren** ❯ S. 116, wo das weltberühmte Trappistenbier »Westvleteren« gebraut wird. In der Abteiwirtschaft wird es ausgeschenkt. Danach schläft man hervorragend, bevor es am nächsten Tag zurück nach Brüssel geht (ca. 140 km).

Touren in den Regionen

Touren in der Region	Region	Dauer	Seite
Historische Unter- und Oberstadt	Brüssel	½ Tag	44
Jugendstilspaziergang	Brüssel	½ Tag	53
Europaviertel	Brüssel	½ Tag	55
Bierkultur in Flämisch-Brabant	Flämisch-Brabant	2–3 Tage	64
Zentrum und Eilandje	Antwerpen	½ Tag	70
Shoppingmeilen und Zuid	Antwerpen	½ Tag	76
Klostertour im Kempenland	Provinz Antwerpen	1–2 Tage	92
Rundgang durch die Altstadt	Brügge	½ Tag	97
Entlang der Nordseeküste	Westflandern	2–3 Tage	108
Kortrijk und die Westhoek	Westflandern	2–3 Tage	109
Historische Innenstadt	Gent	½ Tag	119
Kunsttempel im Süden	Gent	½ Tag	126
Entlang der Leiestreek	Ostflandern	1–2 Tage	131
Flämische Ardennen	Ostflandern	1–2 Tage	131

Klima und Reisezeit

Flanderns Klima unterliegt dem mäßigenden Einfluss des vom Golfstrom erwärmten Atlantik. Die Winter sind mild, die Sommer selten sehr heiß. An der Nordseeküste liegen die Durchschnittstemperaturen im Winter bei 3 °C, im Sommer bei etwa 17,5 °C. Die Wassertemperaturen der Nordsee steigen nur in Ausnahmefällen über 18 °C. In Brüssel werden im Januar Durchschnittstemperaturen von 2 °C, im Juli von 16,5 ° C gemessen.

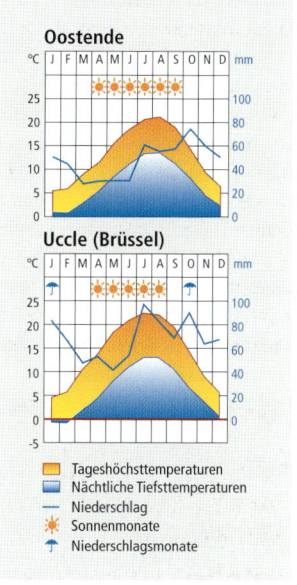

Die jährliche Niederschlagsmenge liegt bei rund 800 mm, es regnet das ganze Jahr über recht häufig, meist aber nicht lange. Am Meer ist das Wetter oft besser als im Landesinneren, weil der Seewind die Wolken vertreibt. Am trockensten ist es zwischen Juni und September. In dieser Zeit scheint mit durchschnittlich sechs Stunden am Tag auch die Sonne am häufigsten. Kältester und regenreichster Monat ist der Januar.

Für einen Badeurlaub sind die Monate Juli und August am besten geeignet, allerdings haben dann auch die Belgier Ferien, und an den Stränden herrscht entsprechend Hochbetrieb, auch bei den Unterkünften kann es Engpässe geben. Ende September gönnen sich viele Hotels und Pensionen eine kleine Verschnaufpause, um für den nächsten Gästeansturm in den belgischen Herbstferien (Ende Oktober/Anfang November) gewappnet zu sein.

Städtereisen sind ganzjährig möglich, in den Ferienzeiten ist der Besucherandrang allerdings häufig immens. Unterkünfte sollten dann unbedingt reserviert werden, auch zu Zeiten, an den kulturelle Großereignisse wie der Brüsseler Ommegang, die Brügger Heiligblutsprozession oder die Gentse Feesten anstehen ❯ Termine S. 35. Wer es gern etwas ruhiger hat, sollte im Frühjahr oder Herbst nach Flandern reisen, dann finden auch die meisten Kulturveranstaltungen statt. Auch zum Wandern und Radfahren sind die Bedingungen dann ideal.

Anreise

Mit dem Flugzeug

Brussels Airlines (www.brusselsairlines.com) fliegt den internationalen Flughafen Brüssel-Zaventem (www.mivb.be) mehrmals am Tag von vielen deutschen Städten aus an. Auch die Lufthansa (www.lufthansa.com) bedient die Strecke von zahlreichen deutschen Flughäfen aus. Die Flieger der Austrian Airlines (www.austrian.com) starten von Wien, in der Schweiz sind Basel, Genf und Zürich Abflugorte (www.swiss.com). Die Bahn verbindet den Flughafen Brüssel-Zaventem mit allen größeren Städten einschließlich der Küstenorte.

Mit der Bahn

Auch die Bahnverbindungen führen meist zunächst nach Brüssel. Mit dem Thalys (www.thalys.com) gibt es schnelle Verbindungen von Köln zum Bahnhof Bruxelles-Midi/Zuid (6-mal täglich; Fahrtdauer 103 Min.). Der ICE fährt 4-mal täglich von Köln bzw. Frankfurt nach Bruxelles-Midi (4 Std.). Buchungen können online getätigt werden (www.b-europe.com). Bei rechtzeitiger Vorausbuchung kann man mit dem Europa-Spezial schon ab 39 € nach Brüssel reisen (www.bahn.de).

Mit dem Bus

Die Deutsche Touring GmbH bietet von über 20 deutschen Städten aus Fernbusverbindungen nach Antwerpen, Brüssel und Gent an. Information und Buchung über www.touring.de.

Centraal Station in Antwerpen

Mit dem Auto

Wer von Norden kommt, fährt auf der A 40/E 34 über Venlo und Eindhoven nach Antwerpen und Brüssel. Von Osten kommend, führt die Strecke zunächst über die A4 nach Aachen, dann auf der A 44 an Liège vorbei und schließlich auf der E 40 Richtung Brüssel/Leuven. Reisende aus dem Süden oder Südosten fahren auf der A4/E411 über Luxemburg und Namur nach Brüssel bzw. zu ihrem jeweiligen Ziel in Flandern. Im Raum Brüssel muss fast immer mit Staus gerechnet werden!

Reisen in der Region

Mit der Bahn

Belgien hat eines der dichtesten Schienennetze der Welt. Auch wenn man mit dem Auto unterwegs ist, lohnt es sich, für Ausflüge in größere Städte den Zug zu nehmen – Parkplätze sind schwer zu ergattern und zudem sehr teuer. Züge der Belgischen Eisenbahnen SNCB verkehren in der Regel im Stundentakt, auf den Hauptstrecken häufiger. Die Fahrkarten sind etwas günstiger als in Deutschland, es gibt Zugpässe und Mehrfahrtenkarten (Infos zu Fahrplänen und Preisen sowie Online-Buchung unter www.belgianrail.be).

Mit dem Auto

Belgiens Straßennetz ist gut ausgebaut, die Autobahnen sind nachts auf weiter Strecke sogar beleuchtet, ihre Benutzung ist gebührenfrei. Die zulässige Höchstgeschwindigkeit auf der Autobahn beträgt 120 km/h, auf Landstraßen 90 km/h und in geschlossenen Ortschaften 50 km/h. Es herrscht Gurtpflicht, darüber hinaus muss jedes Auto mit Pannendreieck, Verbandskasten, Warnweste und Feuerlöscher ausgerüstet sein. Der Alkoholgehalt im Blut darf 0,5 Promille nicht überschreiten. Generelles Parkverbot besteht an Bordsteinen mit einer durchgezogenen gelben Linie. Öffentliche Verkehrsmittel haben grundsätzlich Vorfahrt. Die Bußgelder für Zuwiderhandlungen im Straßenverkehr sind hoch und werden oft an Ort und Stelle erhoben.

Mit dem Bus

Über Land verkehren regelmäßig Busse der Gesellschaft De Lijn, die auch für einen Großteil des innerstädtischen Busverkehrs verantwortlich ist. Die Fahrscheine gelten in ganz Flandern, nur in Brüssel werden andere Tickets verwendet (Einzelfahrschein 2 €, Tageskarte 7 €, Dreitageskarte 12 €, Fünftageskarte 18 €, im Vorverkauf günstiger, Infos unter www.delijn.be).

Mit der Küstentram

Entlang der gesamten flämischen Nordseeküste fährt die »Kusttram«, die Küstenstraßenbahn, von De Panne bis zur französischen Grenze und in entgegengesetzter Richtung bis nach Knokke, dem letzten Ort vor der niederländischen Grenze (70 Haltestellen, im Sommer tagsüber alle 10 Min.). Eine Anbindung an das belgischen Bahnnetz besteht in De Panne, Oostende, Blankenberge, Knokke-Heist und Zeebrugge. Tageskarte 7 €, Dreitageskarte 12 €, Fünftageskarte 18 €, im Vorverkauf günstiger, Infos unter www.delijn.be/dekustram.

Special

Unterwegs mit Kindern

Die Flamen sind äußerst kinder-lieb, dementsprechend breit und fantasievoll ist das Angebot für die Kleinen, die auch bei einem inten-siven Kulturprogramm auf ihre Kosten kommen, etwa wenn sie den Bowler Hat aus René Magrittes Bildern anfassen oder eines seiner Bilder ausmalen dürfen – und so spielerisch lernen, was Surrealis-mus ist › S. 50. Schön schaurig wird es, wenn der Graf von Flan-dern auf dem Audioguide die Ge-schichte der Burg Gravensteen in Gent erzählt › S. 120 – interaktive Angebote, mit denen die kleinen Besucher in den Bann gezogen werden, sind in den Museen Flan-derns fast selbstverständlich.

Daneben gibt es jede Menge Aktivitäten, die mit dem Thema Meer zu tun haben. Das Sea Life Center in Blankenberge und das Pirateneiland in Antwerpen sorgen dafür, dass auch an Regentagen keine Langeweile aufkommt.

■ **Sea Life Center**
Koning-Albert I.-Laan 116
8370 Blankenberge][**www.sealife.be**
Hier kann man einem Hai in die Augen sehen, Rochen streicheln, Clownfisch Nemo begrüßen und vieles mehr.

■ **Comic-Spaziergang**
In Brüssel gibt es vielerorts Comic-Kunst an Hauswänden zu bestaunen, eine Broschüre bekommt man bei der Tou-risteninformation. Bei Regen ist das Comic-Museum eine Alternative › S. 52.

■ **Pirateneiland**
Kribbestraat 12–18
2000 Antwerpen
www.pirateneiland.be
Als Pirateninsel gestalteter Indoor-Spielplatz. Sa, So 12–18 Uhr, an ande-ren Tagen wechselnde Zeiten.

■ **Plopsaland**
De Pannelaan 68][**8660 Adinkerke**
www.plopsaland.de
Klassischer Vergnügungspark mit allem Drum und Dran in der Nähe von De Panne. April–Aug. tgl. 10–18 Uhr, Sept./ Okt. nur Mi, Sa, So geöffnet.

Sport und Aktivitäten

Baden

Wer Strandleben und Badespaß am Meer genießen möchte, findet an der knapp 70 km langen Küste Flanderns zahlreiche schöne Strände und in den angrenzenden Dünenregionen ein wenig Ruhe. Auch an Schwimm- und Spaßbädern besteht in den Küstenstädten kein Mangel. In den Sommermonaten kann es zuweilen sehr voll werden.

Radfahren

Belgien ist eine Radsportnation – entsprechend vorbildlich ausgebaut ist das Wegenetz. Tourenvorschläge › Special S. 20.

Reiten

Am Strand entlangreiten oder lieber am malerischen Leie-Ufer? In vielen Küstenorten ebenso wie im Landesinneren gibt es Reitställe, bei denen Mietpferde für individuelle Ausritte und geführte Touren angeboten werden. Auskünfte erteilen die örtlichen Fremdenverkehrsämter.

Strandsegeln

Der breite Strand von De Panne bietet Gelegenheit, diese temporeiche Sportart auszuprobieren. Bevor man aber mit geschwelltem Segel über den Sand gleitet, muss man einen Kurs einschließlich Prüfung absolvieren › S. 114.

Segeln und Wassersport

Im Binnenland findet man auf Maas, Leie und Schelde gute Segelreviere. An der Nordsee gibt es u. a. in Blankenberge, Oostende, Zeebrugge und Nieuwpoort gut ausgestattete Jachthäfen. Segel- und Surfkurse für Anfänger und Fortgeschrittene werden in vielen Küstenorten angeboten, u. a. von Bloso mit seinen zahlreichen Sportzentren (www.bloso.be). Auch Trendsportarten wie Kitesurfen und Seakayaking können ausgeübt werden (Infos und Adressen unter www.belgischekueste.be).

Wandern

Flandern ist ein Paradies für Wanderer. Für Abwechslung sorgt ein gut ausgeschildertes, mehr als 3000 km langes Wegenetz. In Westflandern locken Touren durch die Dünen- und Polderlandschaft des Küstenhinterlands (www.westtoer.be). Auch entlang der vielen Kanäle gibt es jede Menge idyllischer Wanderwege. Die Fremdenverkehrsämter bieten thematische Wanderrouten an – etwa die Bruegelroute im Pajottenland vor den Toren Brüssels › S. 63.

Special

Radfahren im Land des Eddy Merckx

Während der Flandernrundfahrt alljährlich Anfang April gleicht das Geschehen entlang der Strecke einem Straßenfest. Aber auch sonst ist offenkundig: Die Flamen sind echte Radsportenthusiasten! Fast jedes Dorf hat einen Fahrradclub, und irgendwo findet immer sonntags ein Rennen statt, dem die Einheimischen mit Begeisterung folgen. Die Region ist wie geschaffen für Radler – fast ausnahmslos flach – und durch Tausende Kilometer vorbildlich markierter Radwege erschlossen.

Infrastruktur

Flanderns umfangreiches **Radwegenetz** ist so angelegt, dass alle Radrouten über Knotenpunkte miteinander verbunden sind. Dies bietet die Möglichkeit, die geplante Route spontan zu ändern. Die Knotenpunkte sind nummeriert und mit einer Orientierungstafel versehen. **Radkarten** bekommt man bei den Tourismusämtern, in den meisten Fällen gratis (Infos unter www.radflandern.com und www.vlaanderen-fietsland.be).

Radverleihstationen findet man in Flandern allerorts, u. a. an über 30 Bahnhöfen. Tourenräder sind für ca. 9 € am Tag, Mountainbikes für ca. 16 € zu mieten. Ausleih- und Abgabebahnhof müssen nicht identisch sein.

Die **Mitnahme von Fahrrädern** ist bis zur belgischen Grenze nur in Regionalzügen und in Fernverkehrszügen möglich, die über ein Fahrradabteil verfügen. Im Thalys müssen Räder in einer Transporthülle mit den Maßen 120 x 90 cm verpackt werden. In Belgien hingegen kann das Rad prinzipiell in allen Zügen mitgenommen werden (www.belgianrail.be).

Über 250 Hotels, Camping-plätze, Wanderhütten und andere **Unterkünfte** in Flandern tragen das Prädikat »fahrradfreundlich«: Sie bieten ihren Gästen überdachte Fahrradgaragen, Reparatur-werkzeug, Trockenmöglichkeiten für nasse Kleidung, zuweilen auch einen Gepäckservice und Park-möglichkeiten fürs Auto (www.radflandern.com/Radlogis).

Tourenvorschläge

Die Verkehrsämter der Provinzen haben für Radfahrer unterschiedliche Themenrouten ausgearbeitet (teils auch als geführte Touren):

■ Für Tourenfahrer wurde die **große Flandernrunde** (15 Tage à 50 km) konzipiert. Sie führt durch ganz Flandern, u. a. vom romantischen Brügge zu den Schlachtfeldern des Ersten Weltkriegs bei Ieper und durch das sanfthügelige Pajottenland nach Leuven.

■ Romantisch ist eine **Tour durch die Polderlandschaft** (ca. 59 km) entlang eines von Pappeln gesäumten Kanals in das Eulen-spiegel-Städtchen Damme und nach Knokke, dem mondänsten Badeort an der Nordsee.

■ Die **Eddy-Merckx-Route** (46 km) startet im Dorf Ruien, wo der Nationalheld 1977 seinen letzten Sieg errang, vor dem Ziel-einlauf ist allerdings der Anstieg auf den Paterberg mit bis zu 20 % Steigung auf Kopfsteinpflaster zu bewältigen (www.tov.be).

■ Auf der **Chicorée-Route** (39 km) im bäuerlichen Brabant erkundet man die Region zwischen Brüssel, Leuven und Mechelen, wo das für Flandern typische Gemüse gedeiht; das Chicorée-Dorf Kampenhout mit seinem Chicorée-museum lädt zu einer Pause ein (http://toerisme.mechelen.be).

■ Die sogenannte **Friedensroute** spricht geschichtsinteressierte Radler an: Sie führt durch die Region Westhoek rund um Ieper, wo im Ersten Weltkrieg die großen Flandernschlachten ausgetragen wurden (www.westtoer.be).

Radsportcafés

Wer authentische flämische Rad-sportkultur erleben möchte, sollte in einem der zahlreichen **Radsportcafés** einkehren. Kaum ein Ort kommt ohne diese Institution aus, Radsportler und Fans treffen sich hier, um aktuelle Ereignisse zu kommentieren oder einfach nur gemütlich zusammenzusitzen. Viele der Lokale werden von ehemaligen Profis geführt, entsprechend biegen sich die Regale unter Trophäen, tapezieren alte Fotos und Trikots die Wände. Die meisten der 111 »Supportercafés« fungieren auch als Vereine, die junge Radsporttalente fördern.

Unterkunft

Hotel

In Flandern gibt es Übernachtungsmöglichkeiten für jeden Geschmack und Geldbeutel. Ab 250 € bekommt man ein luxuriöses Doppelzimmer, ein Zimmer der Komfortklasse kostet um die 150 €, und etwas einfacher, aber oft auch sehr bequem wohnt man in einem Standarddoppelzimmer für ca. 90 €. An der Küste und in kleineren Orten sind Hotelzimmer etwas günstiger. In der Hochsaison steigen die Preise kräftig an. In der Nebensaison hingegen kann man echte Schnäppchen machen. So gibt es zum Beispiel in Brügge und Gent Winterspecials von Ende Oktober bis Mitte März, drei Nächte zum Preis von zwei, wenn man an einem So, Mo oder Di anreist. Es lohnt sich, die Angebote auf den Seiten der Fremdenverkehrsämter zu prüfen. In Brüssel hingegen sind die Hotelzimmer meist an Wochenenden wesentlich günstiger als unter der Woche, wenn die Geschäftsreisenden in der Stadt sind. Besonders reizvoll sind die Designhotels in Flandern: Die Kombination von alter Bausubstanz und innovativer Innenausstattung gibt es wegen des enormen Bestands an gut erhaltenen historischen Gebäuden und wegen der vielen aufstrebenden Designtalente häufiger als anderswo. Unterkunftsverzeichnisse für einzelne Orte, aber auch für die gesamte Region sind beim Tourismusbüro Flandern erhältlich ❭ S. 138.

Bed & Breakfast

Die günstigste und charmanteste Alternative zum Hotel sind Bed-&-Breakfast-Unterkünfte, die oft in historischen Gebäuden im Zentrum der Städte, in alten Höfen oder kleinen Landschlösschen untergebracht sind. Nicht selten haben sie schöne Gärten, in denen man entspannen darf, und die Zimmer sind mit Antiquitäten ausgestattet. Außerdem kommt man in den Genuss individueller Gastfreundschaft und kann sich meistens über ein reichhaltiges und köstliches Frühstück freuen. Eine ausführliche Liste der Bed-&-Breakfast-Herbergen bekommt man beim Fremdenverkehrsamt vor Ort, viele Häuser sind aber auch im Internet präsent.

B & Bs zählen in Flandern zu den schönsten Unterkünften

Ferienhäuser und Bungalowparks

An der Küste gibt es viele Ferien-
domizile, die man über die gängi-
gen Internetportale buchen kann
(z. B. www.ferienhausmiete.de).
Allerdings beträgt die Mindest-
mietdauer in der Hochsaison in
der Regel zwei Wochen. Alternativ
stehen an der Küste auch Bunga-
lowparks zur Verfügung: Hier
wohnt man in kleinen Häuschen,
teilweise mit Garten, auf einem
Gelände, dessen Infrastruktur der
eines Campingplatzes entspricht,
mit Strandzugang, Restaurants,
Einkaufsmöglichkeiten und Frei-
zeitangeboten.

Jugendherbergen

Jugendherbergen sind sicherlich
die kostengünstigste Übernach-
tungsmöglichkeit. Sie stehen in
Flandern Reisenden jeden Alters
offen, man benötigt lediglich einen internationalen Jugendher-
bergsausweis. Häufig werden
auch Familien- und einfache
Doppelzimmer angeboten. Einen
Überblick bietet die Website des
Flämischen Jugendherbergsver-
bandes (www.vjh.be).

Camping

Flandern verfügt, besonders entlang der Küste, über ein großes
Angebot an Campingplätzen. In
den Sommermonaten sollte man
allerdings einen Stellplatz reservieren. Oft können auch Wanderhütten für bis zu vier Personen
gemietet werden. Aktuelle Bro-
schüren sind bei den Fremden-
verkehrsämtern erhältlich.

Hotels mit romantischem Flair

■ **Ursule La Libellule**
Bed & Breakfast mit zwei ruhigen
Zimmern in Brüssels Jugendstilviertel
Ixelles nahe der Avenue Louise. Im
verwunschenen Garten kann man
nach dem Sightseeing die Füße hoch-
legen 〉 S. 59.

■ **Martin's Klooster**
Das ehemalige Klostergebäude in
einer malerischen Altstadtgasse in
Leuven hat ein ganz besonderes Flair,
zu dem auch die exklusive Einrichtung und der idyllische Klostergarten
beitragen 〉 S. 66.

■ **The Glorious Inn**
»Sleep for Glory« lautet das Motto
des unweit der Schelde gelegenen
Boutique B & B in Antwerpen mit angesagter Wine Bar. Die Ausstattung der
drei großzügigen »Fashion Suites« ist
extravagant, der Service zuvorkom-
mend und freundlich 〉 S. 83.

■ **Bonifacius**
Mittelalterflair trifft Luxus: Das Hotel
liegt in Brügges Altstadt direkt am
malerischen Groeninge-Kanal, gegenüber der Bonifacius-Brücke. In dem
Haus aus dem 16. Jh. ist jedes der
drei Zimmer ein Schmuckkästchen –
und in jedem Bad gibt es einen Ja-
cuzzi 〉 S. 105.

■ **Atlas Bed & Breakfast**
Ein historisches Gebäude in der Altstadt von Gent beherbergt dieses
B & B, dessen vier Zimmer den Gast
in unterschiedliche Kontinente versetzen. Antiquitäten schaffen im
Frühstückssaal Atmosphäre, im gemütlichen Salon wird abends ein
Kaminfeuer entzündet 〉 S. 127.

Land und Leute

Steckbrief][Geschichte im Überblick][
Natur und Umwelt][Kunst und Kultur][
Feste und Veranstaltungen][Essen und Trinken

Steckbrief

Flandern

Städte: Brüssel (ca. 1 151 000), Antwerpen (ca. 455 000), Gent (ca. 235 000), Brügge (ca. 115 000), Leuven (ca. 90 000), Mechelen (ca. 77 000)

Wichtige Seehäfen: Antwerpen, Oostende, Zeebrugge

Flüsse: Maas, Schelde

Landesvorwahl: 00 39

Währung: Euro (€)

Zeitzone: MEZ

Status: Teilstaat der föderalen parlamentarischen Monarchie Belgien

Fläche: 13 522 km² (Belgien 30 528 km²)

Bevölkerung: 6,2 Mio. (ca. 58 % der belgischen Bevölkerung)

Amtssprache: Niederländisch

Provinzen: Antwerpen, Flämisch-Brabant, Ostflandern, Westflandern und Limburg

Hauptstadt: Brüssel, zweisprachig: Französisch (ca. 80 %), Niederländisch (ca. 20 %)

Lage und Landschaft

Flandern liegt zwischen den Niederlanden und Frankreich; im Nordwesten wird es von der Nordsee begrenzt, im Süden von der Wallonie. Um Brüssel herum prägen sanfte Hügel und idyllische Dörfer die bäuerlichen Landstriche der Provinz Flämisch-Brabant; im östlichen Hageland wird Wein angebaut, und in dem im Osten angrenzenden Limburg blühen im Frühjahr die Obstbäume. An der Nordseeküste wiederum ist das Land flach, und hinter den Dünen dehnen sich eingepolderte Marschen aus, durch Deichbau dem Meer abgetrotztes Land, das zahlreiche Kanäle entwässern. Im Nordosten der Provinz Antwerpen erstreckt sich das Kempenland, ein Heidegebiet mit Kiefernwäldchen. In den flämischen Ardennen ist der Kemmelberg (156 m) die höchste Erhebung.

Politik und Verwaltung

Seit den Reformen von 1993 ist Belgien ein föderal organisierter Bundesstaat. Ähnlich wie die

Bundesrepublik Deutschland setzt sich Belgien aus verschiedenen Regionen zusammen, wobei die Zuständigkeiten der einzelnen Regionen verfassungsrechtlich festgeschrieben sind. In Flandern bilden die Flämische Gemeinschaft und die Flämische Region einen Teilstaat (Hauptstadt Brüssel), ausgestattet mit dem Flämischen Parlament und der Flämischen Regierung. Die gesetzgebende und kontrollierende Gewalt liegt beim Flämischen Parlament (124 Mitglieder), das alle fünf Jahre direkt von der flämischen Bevölkerung gewählt wird. Die aktuelle Flämische Regierung ist eine Koalition der CD&V (Christdemokraten), der SP.A (Sozialisten) und der N-VA (Flämische Nationalisten). Neuwahlen stehen 2014 an.

Wirtschaft

Jahrhundertelang spielte die Region Flandern mit den Handelsmetropolen Gent und Brügge eine bedeutende wirtschaftliche Rolle in Europa. Im 19. Jh. florierte die Textil- und Bekleidungsindustrie. Heute trägt der Industriesektor nur noch 15 % zum Bruttosozialprodukt bei, der Dienstleistungssektor hingegen mehr als zwei Drittel. Flanderns Wirtschaft hat den Strukturwandel besser gemeistert als die der Wallonie und sich in den letzten Jahrzehnten sehr gut entwickelt. Rund zwei Drittel des belgischen Bruttoinlandsproduktes werden in Flandern erwirtschaftet. Dank der zentralen Lage in Europa und mit Antwerpen als Zentrum des Diamantenhandels und zweitgrößtem Hafen Europas rangiert Flanderns Wirtschaftskraft auf Platz 25 der 125 europäischen Regionen.

Bevölkerung

Erst seit dem 19. Jh. wird das Wort »Flamen« für die Gesamtheit der niederländischsprachigen Bevölkerung Belgiens verwendet. Zuvor war Flandern die historische Grafschaft Flandern, die den Nordwesten Belgiens und Teile Nordfrankreichs umfasste. Obwohl Flandern lange um seine kulturelle Identität kämpfte, ist es nicht einfach, die Flamen zu charakterisieren. Denn wie Belgien insgesamt ist auch Flandern eine künstlich geschaffene politische Einheit, die sich am Schnittpunkt von drei Kulturen befindet: der germanischen, der römischen und der angelsächsischen. So erstrecken sich die historischen Beziehungen und die kulturellen Wurzeln weit über die politischen Landesgrenzen der Region hinaus. Vielleicht ist es außer dem Weltbürgertum noch am ehesten das Erbe der Burgunder mit ihrer Liebe zum Feiern und Genießen, das die Flamen in ihrer Seele eint.

Sprache

Flämisch, bis auf einige wenige Abweichungen identisch mit dem Niederländischen, wird in unterschiedlichen dialektalen Varianten in Ost- und Westflandern sowie in der Provinz Antwerpen gesprochen. Die Mehrheit der Flamen spricht zudem Französisch, Englisch oder Deutsch.

Geschichte im Überblick

Anfang 8. Jh. Der Pagus flandrensis (Flanderngau) wird erstmals urkundlich erwähnt.

843 Im Vertrag von Verdun wird das fränkische Reich geteilt. Flandern kommt zum Westfrankenreich, wo sich große Territorien herausbilden; eines davon ist Flandern.

9. Jh. Gent etabliert sich als Handelszentrum.

11. Jh. Das Textilgewerbe blüht auf.

13. Jh. Durch den Wollhandel mit England und die Tuchproduktion wird Flandern, begünstigt durch die Lage am Atlantik und die Mündung großer Flüsse, wichtigstes Wirtschaftsgebiet Frankreichs und neben der Toskana die wirtschaftlich am weitesten entwickelte europäische Region. In Brügge erhält die Hanse 1252 ein Kontor.

1270 Gräfin Margarete von Flandern provoziert den Englisch-Flämischen Handelskrieg, die wirtschaftlichen Interessen der Handelsstädte werden dadurch stark beeinträchtigt.

1297 zwingt England Flandern, sich an seinem Krieg gegen den französischen König Philipp IV., den Lehnsherrn der Flamen, zu beteiligen.

1302 besiegen die Flamen (Adel, Patrizier, Handwerker und Bauern) das französische Ritterheer in der »Schlacht der Goldenen Sporen« bei Kortrijk (Courtrai).

Flandern bewahrt seine Selbstständigkeit.

1369 Durch Heirat fällt die Grafschaft Flandern an die Burgunderherzöge.

1404 kommen, ebenfalls durch Heirat, die Gebiete am Niederrhein und Brabant hinzu. Flandern und Brabant sind das bedeutendste europäische Wirtschaftszentrum der Zeit.

1433 Philipp der Gute, Enkel Philipps des Kühnen, wird zum Herrn der gesamten Niederlande.

1436 kommt es zu einem ersten Aufstand der Städte gegen die Burgunderherzöge.

1477 fällt Phillip der Gute in der Schlacht von Nancy gegen Schweizer, elsässische und lothringische Truppen. Nach dem Ende der Burgunderkriege teilen sich Frankreich und Habsburg den burgundischen Staat, die Niederlande fallen an die Habsburger.

1479 Mit Maximilian von Österreich treten die Habsburger das burgundische Erbe in Flandern, Brabant und Limburg an.

16. Jh. Während der Reformationszeit breitet sich in den Niederlanden der Calvinismus aus.

1566 Religiöser Fanatismus führt zu Bilderstürmen der Calvinisten.

1568–1648 Achtzigjähriger Krieg zwischen den Niederlanden und Spanien. Im Zuge der Protestantenverfolgung werden 100 000 Flamen (meist aus der Schicht des gebildeten Bürgertums) aus dem Land vertrieben, Handel und Gewerbe verlagern sich nach Norden. Für die flämischen Städte bedeutet das den wirtschaftlichen Niedergang.

1713 Der Frieden von Utrecht setzt dem Spanischen Erbfolgekrieg ein Ende, Flandern (die südlichen Niederlande) kommt wieder in den Besitz der österreichischen Habsburger.

1792/93 besetzen französische Revolutionstruppen das Land.

1797 Mit dem Frieden von Campo Formio fällt das spätere Belgien an Frankreich.

1814 werden die südlichen Niederlande nach Beschlüssen des Wiener Kongresses dem Königreich der Niederlande mit Regierungssitz abwechselnd in Brüssel und Den Haag zugesprochen.

1830 kommt es zum Aufstand in Brüssel. Eine neue Regierung erklärt Belgiens Unabhängigkeit, die die europäischen Großmächte bestätigen, Französisch ist Verwaltungssprache. Flandern ist verarmt, im Zuge der Industrialisierung prosperiert der wallonische Süden.

1898 ist formal die sprachliche Gleichstellung erreicht.

1914–18 Im Ersten Weltkrieg ist Flandern Schauplatz erbitterter Kämpfe (die vier Flandernschlachten in der Umgebung von Ieper).

1932 Niederländisch wird Unterrichts- und Gerichtssprache.

1939–45 Zweiter Weltkrieg, deutsche Truppen fallen 1940 in Belgien ein und besetzen das Land.

1962 endet offiziell der Sprachenstreit zwischen Flamen und Wallonen: Die Sprachgrenze wird gesetzlich festgelegt.

1970–88 Reform der Landesteile: Flandern, Wallonien und Brüssel werden zu eigenständigen Regionen. Während Wallonien durch den Niedergang traditioneller Industrien seit Ende der 1980er-Jahre eine Krise erlebt, blüht das bisher arme Bauernland Flandern durch die Ansiedlung neuer Wirtschaftszweige auf.

1993 Belgien wird durch Verfassungsänderung ein föderativer Staat, die drei Regionen verwalten sich weitgehend selbst.

2010/11 Die Neu-Flämische Allianz versucht eine Teilung des Landes durchzusetzen. Belgien ist in der Folge 15 Monate ohne gewählte Regierung.

2011 Durch die Einigung auf eine Staatsreform wird die Krise beendet. Die Regionen sollen mehr Autonomie und größere Machtbefugnisse erhalten, u. a. eigene Steuern erheben können und mehr Entscheidungsgewalt in der Arbeitsmarkt- und der Sozialpolitik bekommen. Die Umsetzung soll bis zu den nächsten föderalen Wahlen 2014 erfolgen.

2012 Aus den belgischen Kommunalwahlen im Oktober gehen die Flämischen Nationalisten als Sieger hervor, in Antwerpen gewinnt die N-VA die Bürgermeisterwahl mit 37 %. Das Ergebnis gilt als Gradmesser für die Parlamentswahlen 2014.

2013 Im Mai eröffnet das Museum des Fin de Siècle in Brüssel, ein weiteres Aushängeschild für das kulturelle Erbe des Landes.

Natur und Umwelt

Flandern ist in weiten Teilen eine vom Menschen gestaltete Kulturlandschaft. Von der ursprünglichen Vegetation, Mischwäldern mit Eichen, Buchen und Birken, sind heute nur noch Restbestände erhalten, so etwa im Zonienwald südöstlich von Brüssel (www.soignes-zonien.net). Hier leben Füchse, Dachse und Steinmarder; größere Tiere wie Wildschweine, Rehe und Hirsche sind nur noch in den Ardennen anzutreffen. An der Küste beherrschen Heide- und Moorlandschaften das Bild.

Naturschutzgebiete

An der flämischen Nordseeküste stehen weite Teile der Dünenlandschaft unter Schutz. Größtes Naturreservat ist die 340 ha umfassende Westhoek bei De Panne. Strand- und Wanderdünen, dicht mit Buschwerk bewachsene Dünenmulden und kleine Wäldchen formen hier eine abwechslungsreiche Landschaft, in der Hermeline, Kaninchen, Regenpfeifer und Sumpfohreulen leben. Das Gebiet kann auf ausgeschilderten Wanderwegen erkundet werden (www.depanne.be).

Von Knokke bis zur niederländische Grenze erstreckt sich das 150 ha große Naturreservat Het Zwin. Der Zwin war ein Meeresarm, der Brügge und Damme mit der Nordsee verband, bis er im 16. Jh. versandete. Bei Flut überspült Meerwasser das Gebiet und schafft ein einzigartiges Biotop aus Schlick- und Salzwiesen. Es beheimatet eine Vielfalt von salzliebenden Pflanzen (u. a. Strandflieder, Sandveilchen) und Seevögeln; auch viele Zugvögel machen hier Rast. Zum Reservat gehören eine Aufzuchtstation für Jungvögel und ein kleiner Vogelpark, in dem man sich um kranke und verletzte Tiere kümmert. Regelmäßig finden geführte Wanderungen statt (www.west-vlaanderen.be).

Kunst und Kultur

Gotik

Im 14. und 15. Jh. florierte Flanderns Wirtschaft, insbesondere im Herzogtum Brabant, das zu dieser Zeit ein politisches Zentrum Europas war. Der Wohlstand schlug sich auch in der Architektur nieder, die prachtvolle Bauten hervorbrachte. Angelehnt ans Vorbild französischer Kathedralen der Ile-de-France entstanden die Cathédrale Saint-Michel in Brüssel › S. 51 und die Liebfrauenkathedrale in Antwerpen › S. 71 mit ihren reich gegliederten Doppelturmfassaden. Eintürmige Kirchen im

Stil der Brabanter Gotik sind die Sint-Salvatorskathedraal ❯ S. 102 in Brügge und die Sint-Niklaas-kerk ❯ S. 121 in Gent. Neben den Kirchen entstanden schon ab dem 13. Jh. monumentale Profanbauten wie die Tuchhallen, die den Reichtum der flandrischen Kaufleute widerspiegelten. Häufig werden sie von Belfrieden bekrönt, Symbolen eines mächtigen und selbstbewussten Bürgertums. Die Glockentürme fungierten als Stadtarchiv und Schatzkammer, im Keller befand sich das Gefängnis, und ganz oben hielt ein Wächter nach Bränden und herannahenden Feinden Ausschau. Oft ist der Belfried auch mit dem Rathaus verbunden,

Glanzstück des Memlingmuseums in Brügge: der Johannesaltar

einem Bautypus, an dem sich die Schmuckfreude der Spätgotik besonders reich entfaltet. Einen Höhepunkt erreicht der gestalterische Aufwand an den Fassaden der Rathäuser von Leuven ❯ S. 64 und Brüssel ❯ S. 44.

Auch die Malerei erlebte im 15. Jh. eine Blüte, weltliche Mäzene lösten die Kirche als Hauptauftraggeber von Kunstwerken ab. Reiche Patrizier, Handwerkszünfte und Kaufmannsgilden nutzten sakrale Gemälde als Mittel zur Selbstdarstellung, indem sie sich als Stifter abbilden ließen. Die Werke Jan und Hubert van Eycks, Robert Campins und Rogier van der Weydens prägten einen neuen Stil, der sich durch genaue Naturbeobachtung und eine bis ins Detail realistische Darstellungsweise auszeichnete. Ermöglicht wurde diese durch eine neue Technik: die Ölmalerei. Herausragendes Werk der Epoche ist der Genter Altar der Brüder Van Eyck in der Sint-Baafskathedraal ❯ S. 122. Weitere bedeutende Werke altflämischer Meister sind in den Musées Royaux des Beaux-Arts in Brüssel ❯ S. 48 und im Groeningemuseum in Brügge ❯ S. 100 zu sehen. Auch Hans Memling kann man hier kennenlernen, den Begründer der Brügger Malerschule.

Renaissance

Eine wichtige Rolle bei der Herausbildung der Renaissance in Nordeuropa spielte der Bildhauer und Architekt Cornelis Floris de Vriendt (1514–1575). Inspiriert von einem Italienaufenthalt, gestaltete der gebürtige Antwerpener das Rathaus seiner Vaterstadt ❯ S. 70. Dabei verband er Elemente der florentinischen Renaissance mit nordischen Giebel- und Erkerformen. In der zweiten Hälfte des 16. Jhs. entwickelte sich

Die schönsten Beginenhöfe

Im 13. Jh. bildeten ledige Frauen klosterähnliche Gemeinschaften, in denen sie unabhängig und unverheiratet leben konnten. Jeder Beginenhof war souverän, die Oberin wurde gewählt. Im Unterschied zu Nonnen legten die Beginen kein Gelübde ab, sondern nur ein Gehorsamkeits- und Keuschheitsversprechen auf Zeit. Wirtschaftlich waren sie autark, webten und klöppelten, bauten Heilkräuter an und pflegten Kranke. Dem Papst waren die Frauen lange ein Dorn im Auge, vorübergehend wurde die Bewegung sogar verboten. Ihre stärkste Verbreitung erlebte sie im 15. Jh., als bis zu 1500 Frauen in einem Beginenhof lebten. Die Anlagen, Ensembles aus kleinen Häuschen, Kirche und Spital, umgeben von einer Mauer, erscheinen heutigen Besuchern als beschauliche, aus der Zeit gefallene Orte. Seit 1998 stehen 13 Beginenhöfe in Flandern auf der Liste des UNESCO-Welterbes; zu den schönsten gehören:

- **Leuven:** Im Großen Beginenhof wohnen heute Studenten und Mitarbeiter der Universität > S. 65.
- **Diest:** Im gemütlichen »Gasthof 1618« auf dem Areal des Beginenhofs kann man Brotzeit machen > S. 67.
- **Lier:** Eindrucksvoll ist das Eingangstor mit der Darstellung der Heiligen Begga, Namensgeberin der Beginenbewegung > S. 91.
- **Brügge:** Schon Proust, Baudelaire und Rilke schwärmten von »Ten Wijngaarde« > S. 102.
- **Kortrijk:** Hier ist der ursprüngliche Geist der Beginenbewegung noch deutlich spürbar > S. 114.

unter der spanischen Herrschaft dann insbesondere im Schlossbau ein Stil, der als spanisch-flämisch bezeichnet wird. Zierelemente wie Staffelgiebel, Türmchen und Erker verleihen den Bauten eine malerische Silhouette; schöne Beispiele sind Schloss Ooidonk > S. 133 bei Gent und das Kasteel van Beersel bei Brüssel > S. 62. In der Malerei etablierten sich neben religiösen Themen Szenen aus dem Alltagsleben der kleinen Leute. Bedeutendster Maler dieser Epoche ist Pieter Bruegel d. Ä. (1525–1569). Trotz eines langen Italienaufenthalts fand er seine künstlerische Inspiration in heimischen Traditionen und ließ sich für seine Arbeiten immer wieder vom Leben der Bauern inspirieren. Im Antwerpener Museum Mayer van den Bergh > S. 78 sind die »Dulle Griet« und die »Zwölf Sprichwörter« zu bewundern, die Brüsseler Musées Royaux des Beaux-Arts > S. 48 präsentieren die »Volkszählung zu Bethlehem«. In Lier wird bis 2017 die Sonderausstellung »Bruegelland« gezeigt, eine Auslagerung der Bestände des Antwerpener Koninklijk Museum voor Schone Kunsten, das umfassend umgebaut wird > S. 81.

Barock

Peter Paul Rubens (1577–1640) ging 1600 nach Italien, um dort u. a. Tizian und Veronese zu studieren. Er brachte den italienischen Barock nach Antwerpen und revolutionierte die Kunstwelt mit seinem bildgewaltigen Stil, der von sinnlicher Farbigkeit und dramatischer Bewegtheit geprägt ist. In der Antwerpener Liebfrauenkathedrale › S. 71 hängen einige seiner bedeutendsten Gemälde, darunter die »Aufrichtung des Kreuzes« und die »Kreuzabnahme«. Rubens Meisterschüler war Anthonis van Dyck (1599–1641). Er ging 1632 nach London, wo er als Hofmaler König Karls I. arbeitete. Für die Sint-Pauluskerk in Antwerpen › S. 74, die Sint-Romboutskathedraal in Mechelen › S. 87 und die Liebfrauenkirche in Kortrijk › S. 114 schuf er Altarbilder. Stark von Rubens beeinflusst war auch Jacob Jordaens (1593–1678), in dessen Werk mo-

Rubens »Aufrichtung des Kreuzes«

ralisierende Sittenbilder vorherrschen. Er lebte und arbeitete in Antwerpen, ebenso wie Adriaen Brouwer (1605–1638) und David Teniers d. J. (1610–1690), zwei weitere bedeutende Genremaler.

Klassizismus und Historismus

Nach der Unabhängigkeit Belgiens erlebte Brüssel als frisch gekürte Hauptstadt einen Aufschwung, der mit einem immensen Bauboom einherging. Es entstanden monumentale Prachtbauten wie die Bourse › S. 45 und das Théâtre Royal de la Monnaie › S. 52, die dem Klassizismus huldigten. Gegen Ende des Jahrhunderts kam die Nachahmung historischer Stile in Mode. Prominente Beispiele sind der Brüsseler Palais de Justice › S. 48 und die Antwerpener Centraal Station › S. 76, die Architekturelemente unterschiedlicher Herkunft kombinieren.

Jugendstil

In Reaktion auf den Historismus begannen um die Wende zum 20. Jh. einige Architekten, nach einer neuen, zeitgemäßen Ästhetik zu suchen. Victor Horta (1861–1947) errichtete mit dem Hôtel Tassel › S. 53 (1893) in Brüssel das erste Jugendstilgebäude. Materialien wie Gusseisen, Stahl und Glas, die bis dato nur für Industriebauten verwendet worden waren, kamen nun auch an Wohnhäusern sichtbar zum Einsatz und eröffneten nicht nur in Hinblick auf die Raumaufteilung neue Gestaltungsmöglichkeiten. Mit dem Ziel, ein Gesamtkunstwerk zu schaffen, entwarfen die Architekten auch Details der Inneneinrichtung, vom Treppengeländer über Glasfenster und Mosaikböden bis hin zur Türklinke. Neben Victor Horta schuf Paul Hankar (1859–1901) in Brüssel prächtige Art-

»Tim und Struppi« im Brüsseler Comic-Museum

Nouveau-Bauten. Paul Saintenoy (1862–1952) errichtete das Warenhaus »Old England« ❯ S. 51, heute das Musikinstrumentenmuseum, und Jules Brunfaut (1852–1942) das Hôtel Hannon ❯ S. 54.

Moderne und Gegenwartskunst

Der Aufbruch in die Moderne ist eng mit dem Namen James Ensor (1860–1949) verbunden, einem Künstler, der die meiste Zeit seines Lebens im beschaulichen Oostende verbrachte und dessen groteske Menschendarstellungen ihn als Vorläufer des Expressionismus ausweisen. Bedeutende Werke dieses »Malers der Masken« sind nicht nur in Oostende ❯ S. 112, sondern auch in den Brüsseler Musées Royaux des Beaux-Arts zu bewundern ❯ S. 48. Um 1900 erhielt die belgische Malerei durch die Latemer Schule wichtige Impulse, gegründet im Dorf Sint-Martens-Latem bei Gent, u. a. von George Minne (1866–1941) und Gustave van de Woestijne (1881–1947). Eine zweite Generation dieser Künstlergruppe beschäftigte sich mit dem Expressionismus, ihr Protagonist war Constantin Permeke (1886–1952). Der Surrealist René Magritte (1898–1967) erlangte mit seinen Traumbildern, in denen alltägliche Gegenstände in einen ungewöhnlichen Kontext gesetzt werden, Weltruhm. Ihm ist in Brüssel ein ganzes Museum gewidmet ❯ S. 50.

Fulminant war die Entwicklung der Comics in den 1930er- und 1940er-Jahren, mit »Tim und Struppi« als ersten Protagonisten ❯ Exkurs S. 52. Nach dem Zweiten Weltkrieg strebte die Künstlergruppe CoBrA mit den Stilmitteln des Informel eine Abkehr von der etablierten Kunst an; der gebürtige Brüsseler Marcel Broodthaers setzte sich kritisch mit dem Kunstkontext auseinander. Die zeitgenössische Kunstszene ist in Flandern heute lebhafter denn je. Alle drei Jahre wird bei der Beaufort Triennale die flämische Küste zur Bühne für zeitgenössische Kunst. Bei der Expo Sint-Jan des ehemaligen Documenta-Leiters Jan Hoet konnte man u. a. über ein Damoklesschwert in der altehrwürdigen Genter Sint-Baafskathedraal staunen. Auf der europäischen Biennale für zeitgenössische Kunst »Manifesta« werden Arbeiten aufstrebender internationaler Künstler vorgestellt. Das Museum für zeitgenössische Kunst S.M.A.K. in Gent ❯ S. 126 und das WIELS (www.wiels.org) in Brüssel geben einen Überblick über die belgische Gegenwartskunst.

Feste und Veranstaltungen

In Flandern gibt es eine Reihe religiöser und historischer Feste, die auf eine lange Tradition zurückblicken – besonders aufwendig begangen werden die Brügger Heiligblutprozession und der Brüsseler Ommegang. Im Sommer finden zahlreiche Musik- und Theaterveranstaltungen unter freiem Himmel statt – die meisten sind sogar gratis.

Festkalender

Januar: Alle zwei Jahre entwerfen Lichtkünstler für das **Genter Lichterfestival** neue Installationen, mit denen die Stadt bei Einbruch der Dunkelheit verzaubert wird (nächster Termin 2014, www.visitgent.be).

März: Bei der **Beaufort Triennale für Gegenwartskunst** präsentieren Künstler aus ganz Europa an verschiedenen Orten entlang der Küste Arbeiten zum Thema Meer (zum fünften Mal 2015).

April: Die **Flandernrundfahrt** zu Beginn des Monats ist das populärste Radrennen Belgiens. In den Orten entlang der über 250 km langen Strecke kommt die Tour einem nationalen Feiertag gleich (www.rondevanvlaanderen.be).

Anfang April bis Anfang Mai: Im Schloss Groot-Bijgaarden vor den Toren Brüssels kann man während der **Floralia** mehr als 500 Arten von Frühlingsblumen entdecken, darunter 300 Tulpensorten (www.floralia-brussels.be).

April/Oktober: Antwerpens **Contemporary Fashion Days** bieten Stocksales, bei denen Modelle großer Designer vom Vorjahr günstig verkauft werden (genaue Termine unter www.ffi.be).

Mitte April bis Anfang Mai: In Laeken östlich von Brüssel öffnen die königlichen Gewächshäuser für wenige Wochen ihre Pforten, und zahlreiche Besucher nutzen die Gelegenheit, die gläserne Stadt zu besichtigen. Auf einem 5 km langen Spazierweg sind Palmenriesen und exotische Pflanzen zu bestaunen (Domaine Royal de Laeken, Avenue du Parc Royal, www.monarchie.be).

April: Alle fünf Jahre finden die Genter **Floralien** statt, ein wahrlich königliches Blumenfestival (www.floralien.be).

Mai: Das Brüsseler Jazzfestival **Brussels Jazz Marathon** mit zahlreichen internationalen Größen findet jährlich statt (www.brusselsjazzmarathon.be).

Mai bis Oktober: Ganz Flandern huldigt beim **Festival van Vlaanderen** an über 80 Orten und bei mehr als 550 Aufführungen der klassischen Musik, es handelt sich um das größte Musikfestival des Landes (www.festival.be).

Juni/Christi Himmelfahrt: Bei der **Heiligblutprozession** in Brügge wird die kostbare Reliquie aus der Heiligblutkapelle durch die Stadt getragen. Mit einem farbenprächtigen Umzug, Prunk-

Umzug in historischen Kostümen: Ommegang in Brüssel

wagen und 2000 Laiendarstellern werden Szenen aus dem Alten und Neuen Testament nachgestellt (www.holyblood.com).

Juni: Mehr als 100 000 Besucher kommen zum zehntägigen Musik- und Theaterfestival **Gentse Feesten** nach Gent, um Rock, Pop, Kabarett, Theater, Puppenspiel und Performancekunst zu erleben, oft wird bis zum frühen Morgen gefeiert (www.gentsefeesten.be). **Rock Werchter** gilt als Belgiens größtes Rockfestival. Es zieht täglich bis zu 85 000 Besucher an (www.rockwerchter.be).

Ende Juni bis Oktober: Zomer van Antwerpen ist eine Veranstaltungsreihe mit Open-Air-Konzerten und Theateraufführungen (www.zomervanantwerpen.be).

Juli: Der **Ommegang** in Brüssel am ersten Donnerstag des Monats spiegelt mit einer feierlichen Prozession in historischen Kostümen Brüssels Wohlstand in der Zeit der Renaissance wider – ein eindrucksvolles Schauspiel (www.ommegang.be). Beim **Jazz Festival Gent** trifft sich die Crème de la Crème des Jazz (www.gentjazz.com). Am letzten Sonntag des Monats tragen bei der **Bußprozession** in Veurne vermummte, teils barfüßige Büßer schwere Holzkreuze durch die Stadt.

August: In Brüssel präsentiert sich die Grand-Place alle zwei Jahre als farbenfroher Teppich aus Blumen (2014, www.flowercarpet.be). Das **Musica Antiqua Festival,** kurz MAfestival genannt, mit diversen Austragungsorten in und um Brügge zählt zu den wichtigsten Festivals für Alte Musik (www.mafestival.be). Bei **Jazz Middelheim** treffen sich Jazzgrößen aus aller Welt in Antwerpen (www.jazzmiddelheim.be). De Haan bietet jeweils am ersten Samstag des Monats ein **Belle-Époque-Fest** mit historischen Modeschauen, Oldtimerparaden und Musik (www.dehaan.be).

September: Beim **Filmfestival Oostende** werden die Flämischen Filmpreise vergeben (www.film festivaloostende.be).

Oktober: Das **Internationale Filmfestival** in Gent ist *der* Treffpunkt für Cineasten, es werden über 200 Filme gezeigt, in dieser Zeit unbedingt eine Unterkunft reservieren (www.filmfestival.be). Die **Biennale Interieur** in Kortrijk ist eine bekannte Designmesse (2014, www.interieur.be).

Dezember: In den meisten Städten gibt es schöne Weihnachtsmärkte, stimmungsvoll sind auch die Krippenausstellungen im Antwerpener Kempenland.

Essen und Trinken

»Gut essen ist unser Nationalsport«, sagen die Flamen, und tatsächlich zählt das Schlemmen zu ihren Lieblingsbeschäftigungen, ob zu Hause oder in einem der mehr als 17 000 Restaurants in Flandern. Während man sich mittags mit einem warmen Snack begnügt, gern auch mit einer Portion *Frietjes* in der Imbissbude, lässt man es sich am Abend und am Wochenende richtig gut gehen. Sonntags gönnt man sich vier Gänge, ein Mittagessen kann Stunden dauern – fast schon italienische Verhältnisse! In einer Symbiose aus flämischer Deftigkeit und französischem Raffinement zaubern flämische Küchenchefs wahre Köstlichkeiten, Flandern übertrumpft sogar Frankreich, was die Zahl an Michelinsternen in Relation zur Einwohnerzahl betrifft. Preiswerte Restaurants sind in Flandern eher selten, dafür ist wegen der großen Konkurrenz die Topgastronomie im internationalen Vergleich relativ günstig. Junge innovative flämische Köche wie die Flemish Foodies in Gent > S. 128 bieten ein Gourmetmittagsmenü schon ab 25 € an.

Typische Gerichte

Die Klassiker sind jedoch relativ schlicht: Das beliebte *Waterzooi* z. B. ist ein Eintopfgericht aus Hühnerfleisch oder Fisch und Gemüse, abgeschmeckt mit einem Schuss Sahne. Bei der *Vlaamse Stoofkarbonade* handelt es sich um in Bier geschmorte Rindfleischstücke, ebenfalls in Bier gekocht wird *Choesels,* ein Ragout aus Fleisch und Innereien vom Rind oder Kalb. Von der Nordseeküste kommen Fisch und Meeresfrüchte: Zum Nationalgericht avanciert sind *Moules-frites,* Miesmuscheln mit Pommes. Ebenfalls beliebt: Aal mit Kräuter- und Seezunge mit Weißwein-Sahnesoße. Eine Delikatesse sind frische Austern und Nordseekrabben – sie werden nachts vor der Küste gefangen, an Bord gekocht und morgens versteigert. Zu Krabbenkroketten verarbeitet,

Gourmettempel

■ **Comme Chez Soi**

Lionel Rigolet in Brüssel bezeichnet seine Küche als »erfinderisch, mit einem Maximum an belgischen Produkten«. Ein Gericht wie »Kartoffelmousseline mit Shrimps und belgischem Kaviar sowie Austernbutter« repräsentiert das sehr gut ❯ S. 60.

■ **'t Fornuis**

Johan Segers in Antwerpen legt den Fokus auf klassische Gerichte mit frischen regionalen Zutaten der Saison. Jedem Gast stellt er persönlich mit viel Fingerspitzengefühl ein Menü zusammen, das zu ihm passt ❯ S. 84.

■ **D'Hoogh**

Erik D'Hoogh verwöhnt seine Gäste in Mechelen mit klassischen, der Saison entsprechenden Gourmetgerichten. Die Wildgerichte (Oktober bis Januar), besonders die Wildente, sind eine Offenbarung. Wer lieber Fisch mag, kann »Seezunge an Lauch mit Safran« oder »Kabeljaufilet parfümiert mit Malt-Whisky« kosten ❯ S. 89.

■ **De Karmeliet**

Geert Van Hecke war 1996 der erste flämische Koch, der mit einem Michelinstern geehrt wurde. Auf höchstem Niveau kombiniert er in Brügge das Beste aus der französischen und flämischen Küche ❯ S. 105.

■ **Jan Van den Bon**

Mit seinem Restaurant in Gent hält Jan van den Bon seit gut einem Vierteljahrhundert einen der obersten Ränge in der flandrischen Topgastronomie. Seine Gemüsekreationen sind kleine Kunstwerke, aromatische Kräuter aus dem eigenen Garten setzen besondere Akzente ❯ S. 128.

stellen sie eine gefragte Vorspeise dar. Weißer Spargel wird weltweit »à la flamande« genossen, mit zerlassener Butter, Petersilie und gehacktem, hart kochtem Ei. In der Provinz Flämisch-Brabant gedeiht der zartbittere Chicorée, der in unterschiedlichen Zubereitungen auf den Tisch kommt: als Salat, als Gratin mit Käse überbacken, karamellisiert oder sautiert. *Faisan à la brabançonne,* Fasan auf Brabanter Art mit Chicorée, ist eine Spezialität der Region.

Pommes & Co.

Fritten sind für die Flamen nicht nur ein Nahrungsmittel, sondern ein nationales Kulturgut. Um die Frage der richtigen Zubereitung – die beste Kartoffelsorte, die ideale Dicke der Stifte, das geeignete Fett zum Frittieren – entbrennen wahre Glaubenskriege. Man bekommt die knusprigen Stäbchen frisch zubereitet überall in Frittenbuden (Frituuren), aber auch in Gourmetrestaurants stehen sie auf der Karte und werden stilecht in der Tüte serviert – in einem speziellen Halter. König Albert II. kredenzte seinen Gästen zum 70. Geburtstag u. a. Fritten vom Brüsseler Traditionsimbiss »Maison Antoine« ❯ S. 56. Und in Brügge hat man den Pommes sogar ein eigenes Museum gewidmet ❯ S. 103.

Schokolade und Pralinen

Die Praline wurde, daran herrscht in Belgien kein Zweifel, 1912 vom Apotheker Jean Neuhaus in Brüssel erfunden. Die Belgier danken es ihm mit eifrigem Verzehr und lassen sich pro Kopf und Jahr 12 kg des süßen Naschwerks munden. Überall in Flandern gibt es begnadete Maître Chocolatiers, die bei Wettbewerben mit Gold- und Silbermedaillen ausgezeichnet werden. Kostproben gehören zum kulinarischen Pflichtprogramm auf einer Flandernreise.

Bierkultur

Über 650 Biersorten, knapp 12 000 Kneipen und über 100 Brauereien, von denen die Hälfte in Flandern ansässig ist – keine Frage, das belgische Nationalgetränk ist Bier. Ob unter- oder obergärig, blond

Kriek, eine fruchtige Bierspezialität

oder dunkel, mild oder bitter, säuerlich oder süß, leicht oder kräftig, fruchtig oder würzig, gefiltert oder trüb, die Auswahl scheint unbegrenzt. In der Gegend um Brüssel wird Lambic gebraut, ein spritziges, säuerliches Bier, das durch Spontangärung entsteht. Lambic-Biere verschiedener Jahrgänge werden zu Gueuze verschnitten. Fügt man dem Lambic vor dem Gären Kirschen zu, so entsteht Kriek, ein fruchtiges Bier von hellroter Farbe, das ein hervorragender Durstlöscher ist. Man sollte es unbedingt in einer der kleinen Brauereien probieren, industriell hergestelltes Kriek schmeckt eher süßlich.

Unter den dunklen Bieren ragt das in Oudenaarde gebraute »Liefmanns« heraus. Das bekannteste belgische Weißbier kommt aus Hoegaarden in Flämisch-Brabant: Das »Grand Cru« ist spritzig wie Champagner und wird mit Koriander und Orangenschale gewürzt. Zu den stärksten blonden Bieren zählen »Duvel« und »Delirium Tremens«, die sich in Ostflandern großer Beliebtheit erfreuen.

Die Bierproduktion ist aber keine alleinige Domäne der Brauereien, auch die Abteien halten die Bautradition seit dem Mittelalter aufrecht. Das Trappistenbier, das heute noch in sechs belgischen Klöstern von Trappistenmönchen gebraut wird, ist laut Bierpapst Michael Jackson das beste Bier der Welt. Unter Kennern legendären Ruf genießt das »Westvleteren« der Sint-Sixtus-Abtei bei Poperinge. Es wird nur vor Ort in begrenzter Menge verkauft, und man muss sich wegen der starken Nachfrage mindestens einen Monat zuvor telefonisch anmelden (Tel. 070 21 00 45, www.sintsixtus.be). Flanderns Bierhauptstadt ist Leuven mit der »längsten Theke der Welt«, hier kann man fast alle Biersorten des Landes probieren – und als Digestif vielleicht einen Bierschnaps.

Unterwegs in Flandern

Entdecken Sie die einzelnen Reiseregionen –
jeweils mit den schönsten Touren, allem
Sehens- und Erlebenswerten, Hotel-, Restaurant-,
Nightlife- und Shoppingtipps

Brüssel und Flämisch-Brabant

Nicht verpassen!

- An der Grand-Place das Ensemble der prächtigen Zunfthäuser bestaunen
- Unter der imposanten Glaskuppel der Galéries Saint-Hubert an geschmackvoll gestalteten Schaufensterauslagen vorbeibummeln
- Von der obersten Kugel des Atomiums aus den fantastischen Blick über die Stadt genießen
- Im Bruegelland radelnd oder wandernd den Zauber der Landschaft erleben
- In Leuven Belgiens schönstes Rathaus besichtigen und an der »längsten Theke der Welt« ein Bier trinken

Zur Orientierung

Brüssel ist Hauptstadt, außerdem Sitz der EU und Hauptquartier der NATO. Dennoch ist Brüssel alles andere als eine Bürokratenstadt, zwar keine ausgesprochene Schönheit, aber eine weltoffene Metropole mit viel Charme. Jedes Viertel hat seinen ganz eigenen Charakter, hält für den Besucher unterschiedliche Entdeckungen bereit.

In der Unterstadt zeugt die Grand-Place mit dem gotischen Rathaus und der prachtvollen Maison du Roi von Brüssels Blütezeit im Mittelalter. Damals bescherte die Tuchindustrie der Stadt immensen Reichtum, reißenden Absatz fanden auch die Erzeugnisse der Gold- und Silberschmiede, Teppichwirker und Spitzenklöppler. In der Oberstadt verkörpern Place Royale und Königspalast das klassizistische Brüssel der Monarchie, die Musées Royaux des Beaux-Arts locken mit einer Sammlung flämischer Malerei, die Weltruf genießt.

Im Louise-Viertel schlendert man an den bezaubernden Häusern des Architekten Victor Horta vorbei – hier wurde der Jugendstil geboren. Art-Nouveau-Bauten säumen auch die Straßen entlang der Teiche von Ixelles. Wer zur Porte de Namur weiterspaziert, fühlt sich nach Afrika versetzt – Brüssel ist multikulturell.

Grand-Place: gebautes Kompendium flandrischer Architekturgeschichte

Lust auf einen Einkaufsbummel? Brüssels nobelste Shoppingadresse sind die Galéries Royales Saint-Hubert. Fashion Victims werden auf der Avenue Dansaert, Schnäppchenjäger auf den legendären Flohmärkten fündig.

Ob französische Raffinesse im Sternerestaurant oder Fritten aus der Tüte, dafür aber die besten im Königreich – Genuss wird in Brüssel groß geschrieben. Jede Sünde wert sind die Pralinen, die Jean Neuhaus hier 1912 erfand.

Brüssels Nachtleben schillert in allen Facetten: eine preisgekrönte Theatervorstellung in der Oper La Monnaie, Jazz in einem legendären Club oder ein gutes Glas Wein in einer schicken Brasserie? Kein Wunsch bleibt offen.

Und auch an charmanten Eigenwilligkeiten mangelt es nicht: Bekannteste Wahrzeichen der Stadt sind ein pinkelnder Nackedei und ein 102 m hohes Eisenmolekül. Comics wurden zur neunten Kunst erhoben und sind im Stadtbild allgegenwärtig.

Den Großstadttrubel weit hinter sich lässt man bei Ausflügen ins grüne Umland, zu romantischen Wasserschlössern oder ins Pajottenland, auf den Spuren Bruegels. In der Provinz Flämisch-Brabant gilt es, die alte Universitätsstadt Leuven mit der »längsten Theke der Welt« und das romantische Diest mit einem der schönsten Beginenhöfe Flanderns kennenzulernen.

Touren durch ***Brüssel

Historische Unter- und Oberstadt

– ❹ – **Grand-Place › Galéries Royales Saint-Hubert › Bourse › Manneken Pis › Sablon › Musées Royaux des Beaux-Arts › Place Royale › Palais Royal › Cathédrale St-Michel**

Dauer/Länge: 1/2 Tag; ca. 5 km
Praktische Hinweise: Brüssel verfügt über ein dichtes Netz an öffentlichen Verkehrsmitteln (Routen- und Fahrpläne unter www.stib.be), die Innenstadt lässt sich aber auch gut zu Fuß erkunden. Für Inhaber der **Brussels Card** ist die Nutzung sämtlicher Bus-, Straßenbahn- und Metrolinien frei, weiterhin der Eintritt in 30 Museen (1 Tag 24 €, 2 Tage 34 €, 3 Tage 40 €, detaillierte Infos unter www. brusselscard.be).

1 ***Grand-Place ◼

Der Grote Markt, seit 1998 UNESCO-Weltkulturerbe, war schon im Mittelalter wirtschaftlicher und sozialer Mittelpunkt der Stadt mit repräsentativen öffentlichen Bauten. Nach Zerstörungen durch französische Truppen im Jahr 1695 wurde er in nur fünf Jahren noch prächtiger wiederaufgebaut. Zum heutigen harmonischen Gesamteindruck tragen die barocken **Zunfthäuser** bei, die man zwischen 1696 und 1700 anstelle ihrer zerstörten Vorgängerbauten errichtete. Der Stadtrat nahm auf ihre Gestaltung durch Festlegung eines Formenkanons Einfluss: So waren Giebelformen, Fensteranzahl und Traufhöhe verbindlich vorgeschrieben.

Aus dem Häuserensemble sticht das gotische **Hôtel de Ville** (Rathaus) mit seinem fast 100 m hohen Belfried hervor. Seine Spitze krönt eine Wetterfahne in Gestalt des Hl. Michael, Brüssels Stadtpatron. Der reiche Skulpturenschmuck an der Fassade stellt Persönlichkeiten aus Brüssels Stadtgeschichte dar. Es handelt sich dabei um Reproduktionen von Originalen des 15. Jhs., die teilweise erhalten sind und im Stadtmuseum aufbewahrt werden. In den nur mit Führung zugänglichen Rathaussälen kann man kostbare Gobelins und andere Kunstgegenstände bewundern (Führungen in englischer Sprache Mi 15 Uhr, So 10 und 14 Uhr).

Gegenüber dem Rathaus steht die **Maison du Roi**, im 13. Jh. als Zunfthaus der Bäcker errichtet und später Tagungsort des königlichen Gerichtes. Der im 19. Jh. nach historischen Abbildungen rekonstruierte Bau beherbergt heute das sehenswerte Stadtmuseum. Seine Hauptattraktion ist die inzwischen über 700 Kostüme umfassende Garderobe des Manneken Pis (Di–So 10–17 Uhr).

Alljährlich im Juli wird auf der Grand-Place der Ommegang zelebriert, ein erstmals 1549 begangener feierlicher Umzug zu Ehren Kaiser Karls V. **Alle zwei Jahre im August verwandelt sich der Platz in einen Blumenteppich.**

Shopping

Biscuiterie Maison Dandoy
Rue au Beurre 31
www.biscuiteriedandoy.be
Wenige Schritte von der Grand-Place entfernt gibt es im 1829 gegründeten Traditionshaus original Brüsseler Waffeln – unbedingt probieren!

Musée du Cacao et du Chocolat ❷
Besucher erfahren Interessantes über Anbau und Verarbeitung von Kakao und Kaffee und können einem Maître Chocolatier über die Schulter sehen, während er nach überlieferter Methode feinste Pralinen zaubert (Rue de la Tête d'Or 9–11, Di–So 10–16.30 Uhr, www.mucc.be).

**Galéries Royales Saint-Hubert ❸
Ganze 200 m lang sind die denkmalgeschützten Sankt-Hubertus-Galerien, erbaut 1847 vom Architekten Jean-Pierre Cluysenaer als erste überdachte Ladenstraße der Welt. Eine hohe gläserne Kuppel wölbt sich über exquisiten Boutiquen mit Designermode, edlen Accessoires, feinsten Pralinen und handgefertigter Brüsseler Spitze. Fürs leibliche Wohl sorgen diverse Restaurants und Cafés (www.galeries-saint-hubert.com).

Galéries Royales Saint-Hubert

Restaurant

Taverne du Passage
Galerie de la Reine 30
Tel. 02 512 37 31
www.taverne-du-passage.be
In der legendären Art-déco-Brasserie war schon René Magritte Stammgast. Die Preise sind gesalzen, aber die Atmosphäre ist einzigartig. Serviert werden belgische Klassiker. ●●●

*Bourse (Börse) ❹
Der an einen griechischen Tempel erinnernde, 1873 fertiggestellte Finanzpalast dominiert die Place

Rue des Bouchers
Unweit der Grand-Place laden Brüssels »Fressgassen« Rue des Bouchers und Petite Rue des Bouchers zum Flanieren und Schlemmen ein. Hier reiht sich ein Restaurant ans nächste – frische Austern, Weinbergschnecken und andere Delikatessen gibt es im Überfluss.

Echt gut!

de la Bourse am Boulevard Anspach. Zur imposanten Säulenvorhalle führt eine Freitreppe hinauf, auf der nicht nur Börsianer gern die Mittagssonne genießen. Am reichen Skulpturenschmuck des Baus wirkten viele bedeutende Bildhauer mit, darunter auch Auguste Rodin. Rund um die Börse finden sich **einige der schönsten Brüsseler Cafés.**

Café

Falstaff
Rue Henri Maus 19
Tel. 02 511 87 89
www.lefalstaff.be
Schwelgerisches Jugendstil-Ambiente, leckere Snacks und eine beeindruckende Kuchenauswahl. ●●

Manneken Pis im Mozart-Kostüm

Place Saint-Géry ⑤

Auf der einstigen Senne-Insel St-Géry errichtete Herzog Karl von Niederlothringen im 10. Jh. eine Burg, die die Keimzelle der Stadtentwicklung bildete. Mit der Restaurierung der **Halles Saint Géry,** der alten Markthallen, begann die Wandlung des Quartiers zum In-Viertel. Der Komplex beherbergt heute Restaurants und Cafés. Zahlreiche Kneipen und Clubs machen die umliegenden Gassen zu einem Hotspot des Brüsseler Nachtlebens.

Nightlife

Mappa Mundo
Rue du Pont de la Carpe 2–6
www.mappamundo.com
Angesagte Bar auf zwei Etagen mit Terrasse zum Leute-Beobachten. Tgl. 10–3 Uhr. ●

**Manneken Pis ⑥

Jérôme Duquesnoys pinkelnde Brunnenfigur aus dem Jahr 1619 ist Brüssels bekanntestes Wahrzeichen. Der Überlieferung nach stellt der Nackedei den kleinen Herzog Gottfried III. von Brabant dar, der inmitten von Kampfhandlungen sein Geschäft verrichtet und damit den Feind verspottet haben soll. Staatsgäste bringen dem Manneken Pis Anzüge in ihrer Nationaltracht als Geschenk mit, weswegen die Figur inzwischen über 700 Kostüme besitzt. Die schönsten sind in der Maison du Roi ❯ S. 44 ausgestellt. Bei Geburtstagen etwa von Mozart oder Elvis Presley wird Manneken Pis entsprechend gekleidet, bei Fußball-Länderspielen trägt es das Trikot der belgischen Nationalmannschaft.

Place du Grand Sablon **7**

Prächtige historische Gebäude umgeben den Platz, der bis ins Mittelalter eine sandige Brache war – daher der Name. Ab dem 16. Jh. ließ der Adel sich hier repräsentative Stadtpaläste errichten, in denen heute Antiquitätengeschäfte, Galerien, Boutiquen und Restaurants eine zahlungskräftige Kundschaft empfangen. Drei der renommiertesten belgi-

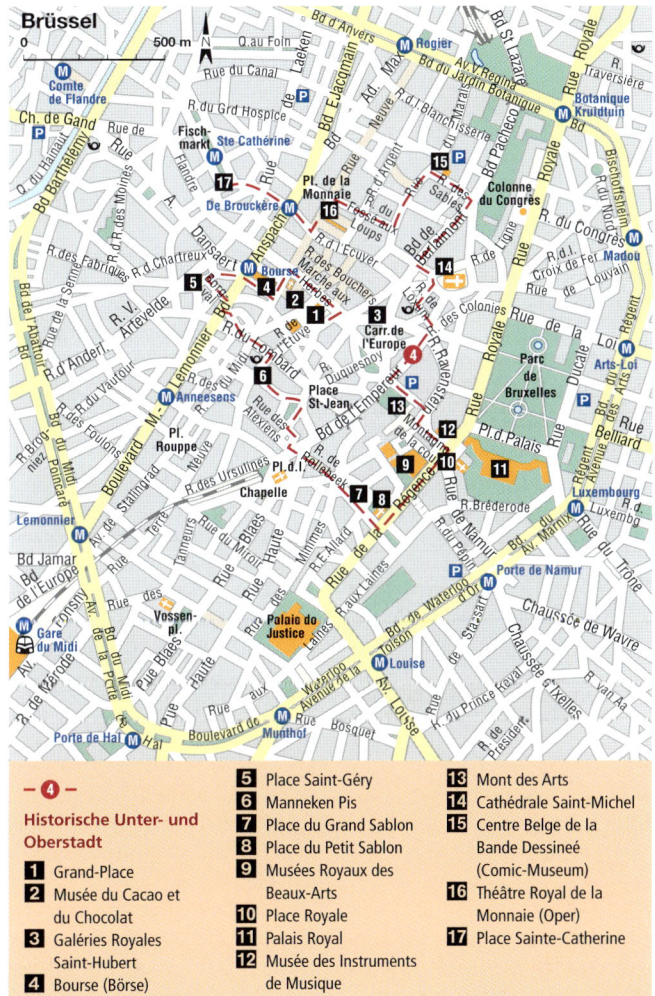

schen Chocolatiers unterhalten am Grand Sablon Niederlassungen: Wittamer, Godiva und Marcolini. In der Platzmitte erhebt sich der schöne Minerva-Brunnen. Am Wochenende findet hier ein Antiquitäten- und Buchmarkt statt (Sa 9–17, So 9–13 Uhr).

Die an Kunstwerken reiche spätgotische Kirche ***Notre-Dame du Sablon** geht auf eine Kapelle zurück, die von der Zunft der Armbrustschützen gestiftet worden war. Während der Pestepidemie von 1348 stellte man hier eine aus Antwerpen geraubte wundertätige Madonnenstatue auf. In der Folge entwickelte sich das Kirchlein zum viel besuchten Wallfahrtsort. Die Gilde nahm dies zum Anlass, es in mehreren sich bis ins 16. Jh. erstreckenden Bauphasen durch ein repräsentativeres Gotteshaus zu ersetzen. Die Skulpturen in den Nischen und an den Portalen sind Zutaten des 19. und 20. Jhs., genauso wie die prachtvollen Buntglasfenster. Im Kircheninneren verdient die Grabkapelle der Adelsfamilie Thurn und Taxis genauere Betrachtung (Rue de la Régence 3b).

Shopping

Pierre Marcolini
Grand Sablon 39
www.marcolini.be
Begnadeter Schoko-Créateur und jüngster Star der süßen Szene in Brüssel. Seine Pralinen sind flach und quadratisch, haben Namen wie »Aschenputtel« oder »Madagascar« und teils innovative Geschmacksrichtungen wie Earl Grey oder Thymian-Orange.

Place du Petit Sablon 8

Das Denkmal für die Grafen Egmont und Hoorn, die Widerstand gegen die spanischen Besatzer leisteten und dafür 1568 hingerichtet wurden, ist der zentrale Blickfang in dem schön angelegten Garten. Umgeben ist der kleine Park von einem schmiedeeisernen Zaun mit 48 Sandsteinsäulen, auf denen Bronzestatuen die Brüsseler Handwerkszünfte darstellen.

*Palais de Justice

Von fast jedem Ort in Brüssel aus zu sehen ist der kuppelbekrönte Gigant, der als größter Monumentalbau des 19. Jhs. gilt. Seine Grundfläche beläuft sich auf 26 000 m², der Komplex umfasst 27 Gerichtssäle und Hunderte weiterer Räume, angeordnet um acht Innenhöfe. Große Teile des Marollenviertels fielen dem Bauvorhaben zum Opfer, mit dem der belgische König Leopold II. ein Zeichen setzen wollte: Unter der Regentschaft des imperialistischen Monarchen war der noch junge Staat zur viertgrößten Handelsmacht der Welt avanciert (Poelaertplein 1, Mo–Fr 8–17 Uhr, Führungen auf schriftliche Anfrage, an Feiertagen geschlossen).

2 **Musées Royaux des Beaux-Arts 9

Belgiens bedeutendstes Kunstmuseum vereint zwei Sammlungen: das Museum für alte Kunst und das Museum für moderne Kunst. Kunst des 15. bis 18 Jhs. wird in einem Palast gezeigt, der früher den Hofstaat Karls von Lothringen

Flohmarkt im *Marollenviertel

Mit dem Aufzug gelangt man vom Justizpalast hinunter ins populäre Marollen-
viertel, einst das Armenviertel Brüssels. Auf dem Place du Jeu de Balle findet seit
1873 ein Trödelmarkt statt. »Bric-à-brac« bedeutet Sammelsurium, Durcheinan-
der, und es gibt hier wirklich alles: Gemälde, Spielsachen, Möbel vom antiken
Schreibtisch bis zum Küchentisch aus den 1970er-Jahren, Werkzeuge, edles
Tafelgeschirr, aber auch Kitsch aller Art. Leute aus dem Viertel, Händler aus
Marokko, professionelle Antiquitätensammler – Anbieter und Käufer könnten
unterschiedlicher nicht sein. Genau das macht den Charme des Marktes aus,
der eine echte Brüsseler Institution darstellt. Ebenso charmant ist das Viertel,
Cafés in den Seitengassen, kleine Antiquitätengeschäfte, Handwerker, eine
Pommesbude, an deren Theke sich auch die Händler einen Snack gönnen.

Wer schon früh seine Runden dreht, hat gute Chancen, ein echtes Schnäppchen zu machen. Es gibt jede Menge sympathischen Ramsch für ein paar Cent,
mit etwas Glück und Geduld kann man aber auch wertvolle Einzelteile ergattern. Am Wochenende wimmelt der Flohmarkt von Touristen, wenn man jedoch
unter der Woche einen Abstecher einplanen kann, kommt man in den Genuss
authentischer Alltagsatmosphäre (tgl. 7–14 Uhr)

In der näheren Umgebung lohnt an der Place de la Chapelle eine Besichtigung
der Kirche **Notre-Dame de la Chapelle,** einer Kirche, die architekturgeschicht-
lich den Übergang von der Romanik zur Gotik markiert. In einer der Kapellen
im rechten Seitenschiff liegen der Maler Pieter Bruegel d. Ä. und seine Frau be-
graben. Auch sie lebten hier im Viertel, in der Rue Haute Nr. 132.

In Brüssel gibt es zwölf Floh- und Antiquitätenmärkte. Jedes Stadtviertel hat
seinen eigenen Markt und jeder Markt hat seine Spezialitäten (Infos unter www.
flandern.com). »Bric-à-brac« auf der Place du Jeu de Balle und der Antiquitäten-
markt an der Place du Grand Sablon sind die schönsten in der Altstadt.

Kunstkosmos: die Musées Royaux des Beaux-Arts

beherbergte. Ein moderner Anbau mit teils unterirdischen Ausstellungsräumen beherbergt die Kunst des 19. und 20. Jhs. Weltrang hat die Sammlung flämischer Malerei mit Meisterwerken von Hans Memling, Hieronymus Bosch, Pieter Bruegel d. Ä., Peter Paul Rubens, Jacob Jordaens und Anthonis van Dyck. Glanzstücke der modernen Sammlung sind Jacques-Louis Davids »Tod des Marat« und Fernand Khnopffs »Zärtlichkeit der Sphinx«. Mit größeren Werkgruppen vertreten sind die Künstlergruppe CoBrA und der gebürtige Brüsseler Marcel Broodthaers.

Voraussichtlich im Mai 2013 wird das neue Museum für Kunst des Fin de Siècle, also des ausgehenden 19. Jhs. eröffnet. Seit 2009 ist dem belgischen Surrealisten René Magritte (1898–1967) ein eigenes Museum gewidmet, zu den 200 ausgestellten Werken zählen »Die Herrschaft des Lichts« und »Der heimliche Spieler« (Place Royale 1 und Rue de la Régence 3, Di–So 10–17, Mi bis 20 Uhr, http://fine-arts-museum.be, www.musee-magritte-museum.be).

*Place Royale 🔟

Der österreichische Gouverneur Karl von Lothringen ließ den elegant proportionierten Platz mit seinen klassizistischen Fassaden Mitte des 18. Jhs. auf dem Coudenberg anlegen. Als Vorbilder dienten die Place Stanislas in Nancy und die Place Royale in Reims. Dominiert wird das Ensemble von der Kirche **St-Jacques-sur-Coudenberg,** die als Hofkirche fungierte. Von der Platzmitte, wo das **Reiterdenkmal Gottfrieds von Bouillon** aufragt, genießt man einen schönen Blick über die Unterstadt.

*Palais Royal 🔟

Der in seiner Substanz auf das 18. Jh. zurückgehende Bau wurde nach Belgiens Unabhängigkeit von Leopold I. zur Residenz ausgebaut. Leopold II., den der Kongo zu einem der reichsten Männer der Welt gemacht hatte, nutzte den Palast zur Demonstration seines schier unerschöpflichen Reichtums. Heute sind im Palais Royal königliche Ämter untergebracht, König Albert und Königin Paola besitzen hier Arbeitszimmer. Einige Apartments dienen der Unterbringung ausländischer Staatsgäste; in den Prunksälen finden Empfänge und Festlichkeiten statt. Im *Spiegelsaal kann man seit 2002 ein Werk des Antwerpener Künstlers Jan Fabre bewundern: »**Heaven of Delight**« nennt sich das abstrakte Deckengemälde, das sich bei näherem Hinsehen als Mosaik aus 1,4 Mio. grünlich schillernden Käferpanzern entpuppt. Im Sommer kann das Schloss besichtigt werden: Neben Fabres Werk sind u. a. Mobiliar des 18. Jhs., Wandteppiche, Silber, Glas und Porzellan, Reliefs von Rodin im Thronsaal und Ahnenporträts zu sehen (Ende Juli bis Mitte Sept. Di–So 10–16.30 Uhr, www.monarchie.be).

Gleich neben dem Königspalast dokumentiert das *BELvue Museum mit 1500 Dokumenten, Fotografien, Filmausschnitten und Objekten wichtige Ereignisse der belgischen Geschichte – von der Staatsgründung im Jahr 1830 über die industrielle Revolution und die »Königsfrage« bis zu den jüngsten Verfassungsreformen (Di–Fr 10 bis 17, Sa, So 10–18 Uhr, www. belvue.be, Restaurant mit schöner Sommerterrasse im Garten).

*Musée des Instruments de Musique 🄵

Sehenswert ist allein schon das Gebäude, das ehemalige Warenhaus »Old England«, das als Paradebeispiel der Brüsseler Jugendstilarchitektur gilt. Im Inneren sind auf vier Ebenen über 1000 Musikinstrumente aus unterschiedlichen Kulturkreisen und Epochen ausgestellt (Rue Montagne de la Cour 2, Di–Fr 9.30–17, Sa, So 10–17 Uhr, am 1. Mi im Monat ab 13 Uhr freier Eintritt, www.mim.be).

Mont des Arts 🄸

Die großzügige Anlage mit ihren Freitreppen, Terrassen und Gärten entstand Mitte der 1950er-Jahre als Verbindung zwischen Unter- und Oberstadt. Wenn man von der Place Royale die Treppen zur Place de l'Albertine hinabsteigt, liegt zur Linken das ehemalige **Palais des Congrès**, heute **Square Bruxelles** genannt. Dem »Kunstberg« zugerechnet werden auch das **Palais des Beaux-Arts** und die **Königliche Bibliothek** (www. montdesarts.com).

**Cathédrale Saint-Michel 🄼

Das gotische Gotteshaus ist die Hauptkirche Brüssels und Sitz des Erzbischofs von Mechelen-Brüssel. Fast 300 Jahre dauerte es (13.–16. Jh.), bis der riesige Bau kurz vor Beginn der Regentschaft Kaiser Karls V. fertiggestellt werden konnte. Im Inneren zaubern die 1200 Glasgemälde der 16 Chorfenster ein wunderschönes Licht. Die Säulen des Mittelschiffs zieren zwölf lebensgroße Apostelfiguren von Lucas Faydherbe und Jérôme Duquesnoy (Mo–Fr 7–16, Sa, So 8.30–15.30, So bis 14 Uhr, www.cathedralestmichel.be).

*Théâtre Royal de la Monnaie

Das Opernhaus an der Place de la Monnaie zählt nicht nur zu den schönsten Europas, von hier ging auch der entscheidende Impuls für die Revolution von 1830 aus. Während der Aufführung einer Oper, in deren Zentrum der neapolitanische Volksaufstand von 1647 stand, begann es im Publikum zu gären. Der 1695 an der Stelle einer Münzprägeanstalt erbaute Prachtbau wurde nach einem Brand im Jahr 1885 von Joseph Poelaert, dem Architekten des Justizpalastes, wieder aufgebaut (Sa 12 Uhr Führung, Tickets online unter www.lamonnaie.be).

Place Sainte-Catherine

Noch im 19. Jh. gelangten die Handelsschiffe auf Kanälen bis hierher in die Stadt. Fisch und Meeresfrüchte sind die Spezialitäten der ansässigen Restaurants, die eine der Schlemmermeilen der Stadt bilden und mit ihrem Angebot aus den Meeren eine letzte Verbindung zur früheren Bestimmung des Platzes, dem Handel mit Fisch, aufrechterhalten.

Comic-Hauptstadt Brüssel

Die berüchtigten Dalton-Brüder haben eine Bank überfallen. Weit werden sie nicht kommen: Lucky Luke, der schnellste Cowboy der Welt, hat schon seinen Colt gezogen – zu sehen auf einer 180 m² großen Hauswand in der Washuisstraat 19. Der Comic-Held kommt nicht aus den USA, sondern aus Brüssel. Mehr als 30 Comic-Motive zieren Hausfassaden der belgischen Hauptstadt – eine Hommage an die neunte Kunst, die hier eine lange Tradition hat.

»Tim und Struppi«, im belgischen Original »Tintin et Milou«, erblickten 1929 das Licht der Papierwelt, ein Jahr vor der Micky Maus. Der in Brüssel geborene Hergé (eigentlich Georges Prosper Remi, 1907–1983) zeichnete das erste Abenteuer des mutigen Reporters und seines treuen Hundes – und inspirierte damit viele Comic-Künstler. Neben Hergé prägte André Franquin den belgischen Comic mit seinem Antihelden »Gaston«, und auch die Schlümpfe stammen aus belgischer Feder, nämlich aus der des Zeichners Peyo (Pierre Culliford, 1928–1992).

In Brüssel leben etwa 700 Comic-Künstler, und Comic-Zeichnen ist in Belgien sogar ein offizieller Studiengang. Im Jahr kommen etwa 7000 neue Hefte auf den Markt. Der »Comic Walk« führt zu den 32 Comic-Fassaden (ca. 2,5 Std., Stadtplan im Tourismusbüro). Im Comic-Museum *Centre Belge de la Bande Dessinée in der Rue des Sables 20 begegnet man den Cartoon-Helden auf 4000 m² (Di–So 10–18 Uhr, www.cbbd.be) und im Comic-Zentrum Village de la Bande Dessinée (Place du Grande Sablon 8) gibt es seit 2011 die größte Comic-Buchhandlung Europas, inklusive Café (http://comicscafe.be).

Jugendstil-spaziergang

– ❺ – **Hôtel Tassel** › **Maison de Paul Hankar** › **Hôtel Hannon** › **Musée Horta** › **Hôtel Solvay** › **Étang d'Ixelles**

Dauer/Länge: 1/2 Tag; 7,5 km
Praktische Hinweise: Startpunkt ist die Metrostation Louise, Endpunkt die Porte de Namur. In Brüssel gibt es fast 15 000 Jugendstilgebäude, die man auf vier von der Touristeninformation ausgearbeiteten Touren erkunden kann (Karte dort erhältlich). Die meisten Bauten sind allerdings nur von außen zu besichtigen.

Der Spaziergang verläuft durch Brüssels herrschaftliche Oberstadt. Entlang geschäftiger Boulevards, allen voran der Edel-Shopping-meile Louise, führt der Weg zu wunderschönen Jugendstilhäusern, um die Wende zum 20. Jh. erbaut für eine Schicht wohlhabender und an Reformideen interessierter Brüsseler Bürger. Die schönsten Bauten wurden vom Architekten Victor Horta (1861–1947) entworfen. Seine Stadthäuser gehören seit dem Jahr 2000 zum UNESCO-Weltkulturerbe.

*Hôtel Tassel 🔟

Das Stadthaus in der Rue Paul Emile Janson 6 gilt als frühester Bau des Art Nouveau in Brüssel. Von Horta 1893 entworfen, verschaffte es dem damals 32-jähri-gen Architekten größtes Ansehen. Revolutionär waren die unverkleideten Stahlträger im Innenraum, die kühn geschwungene Fassade und die großen Fensterfronten. Das Treppenhaus mit einem Lichtschacht, der alle Stockwerke durchbricht, ist Jugendstil par excellence!

*Maison de Paul Hankar 🔟

1893 baute der Architekt Paul Hankar in der Rue Defacqz Nr. 71 sein Wohn- und Atelierhaus, wie das Hôtel Tassel ein Manifest des Jugendstils. Auch hier ermöglichten Metallstrukturen eine kühne Gestaltung der asymmetrischen Fassade. Charakteristisch ist die Polychromie, die aus dem Einsatz

Maison de Paul Hankar

Musée Horta: weiß glasiertes Ziegelmauerwerk im Speisezimmer

verschieden getönter Baumaterialien resultiert. Einen weiteren Farbakzent setzen die Sgraffiti von Adolphe Crespin, die verschiedene Tageszeiten symbolisieren.

Hôtel Hannon 20

Nach einem kurzen Fußweg erreicht man in der Avenue de la Jonction Nr. 1 das Hôtel Hannon. Edouard Hannon, ein Ingenieur der Firma Solvay, beauftragte 1902 den Architekten Jules Brunfaut mit dem Bau eines repräsentativen Stadthauses. Bemerkenswert sind der mit Wandmalereien ausgestattete Eingangsbereich, die floralen Bodenmosaiken, die geschwungene Treppe und die Tiffany-Fenster. Heute wird das Gebäude von der Galerie Contretype genutzt, die sich der Förderung der

— **5** —

Jugendstilspaziergang

18 Hôtel Tassel
19 Maison de Paul Hankar
20 Hôtel Hannon
21 Musée Horta
22 Hôtel Solvay
23 Étang d'Ixelles
24 Comptoir Florian
(Salon du thé)

zeitgenössischen Fotografie widmet (Mi–Fr 11–18, Sa, So 13–18 Uhr, www.contretype.org).

Musée Horta 21

echt gut!

Sein eigenes Haus konzipierte Victor Horta als Gesamtkunstwerk: Von der Fassade über die Möbel bis hin zu den Klinken und Scharnieren hat der berühmte Architekt jedes Detail selbst entworfen. Die Konstruktion basiert auf funktionalen Materialien wie Gusseisen und Stahl. Organische Formen und warme Farben erzeugen dennoch den Eindruck von Behaglichkeit (Rue Américaine 22–25, Di–So 14–17.30 Uhr, www.horta museum.be).

Hôtel Solvay 22

1895/1898 baute Victor Horta für die Familie Solvay ein luxuriöses Wohnhaus. Dem Architekten stand dafür ein unbegrenztes Budget zur Verfügung. Das Gebäude geriet entsprechend prächtig: Für die Innenausstattung verwendete Horta nur kostbarste Materialien wie Marmor, Onyx, Bronze und Tropenhölzer. Kennzeichnendes Gestaltungselement der Fassade sind zwei von Balkonen bekrönte symmetrische Erker, die sich über zwei Stockwerke erstrecken (Avenue Louise 224, www.hotelsolvay.be).

Étangs d'Ixelles 23

Die Straßen rund um die künstlich angelegten Teiche sind gesäumt von traumhaft schönen Jugendstilhäusern. Hier sollte man einfach offenen Auges durch die Straßen streifen. Besonders schön: Rue de Belle Vue 42, 44 und 46, Rue du Monastère 30 sowie Rue de la Vallée 2–12 und 18–32.

Cafés

■ **Café Belga**
Place Flagey 18][**www.cafebelga.be**
Art-déco-Szenelokal am ehemaligen Rundfunkgebäude Flagey. Mo–Do 8–2, Fr, Sa bis 3 Uhr. ●

■ **Comptoir Florian** 24
17, rue Saint-Boniface 17
www.comptoirflorian.be
Winziger Teesalon in einem Jugendstilgebäude – ein stilechter Abschluss für diesen Architekturspaziergang. ●●

Europaviertel

– 6 – **Berlaymont-Gebäude ›
EU-Institutionen › Naturkundemuseum › Jubelpark › Musées Royaux d'Art et d'Histoire ›
Autoworld › Musée de l'Armée et d'Histoire Militaire**

Dauer/Länge: 1/2 Tag; ca. 6 km
Praktische Hinweise: Zwar ist die Gegend noch voller Großbaustellen, doch die Gebäude der EU, Jubel- und Leopoldpark sowie hochkarätige Museen laden zur Entdeckungstour ein. Start- und Endpunkt ist die Metrostation Schuman.

Berlaymont-Gebäude 25

Im Berlaymont, umgeben von zahlreichen europäischen und internationalen Einrichtungen für Politik und Wirtschaft, ist die **Europäische Kommission** untergebracht.

Europäisches Parlament

Der auf x-förmigem Grundriss errichtete Bau wurde 1967 nach vierjähriger Bauzeit fertiggestellt. In den 1990er-Jahren musste eine umfangreiche Asbestsanierung vorgenommen werden. Weil die Arbeiten ungeheure Summen verschlangen, tauften die Brüsseler den Bau »Berlaymonstre«.

Europäische Institutionen

Nicht jeder mag sie schön finden, sehenswert sind die riesigen Verwaltungsgebäude aus Stahl und Glas aber auf jeden Fall: das Jacques-Delors-Gebäude (Sitz der Regional- und Kommunalvertreter der EU), das Justus-Lipsius-Gebäude (Sitz des Rates der EU und des Europäischen Rates) und dessen Erweiterungsbau, das Lex-Gebäude. Von der **Place Jean Rey** **26** hat man einen guten Rundblick. Dem gewaltigen Komplex des **Europäischen Parlaments** **27** mussten große Teile des alten Leo-

poldviertels weichen. »Caprice de Dieu« nennen die Brüsseler die Glaskuppel des Hauptgebäudes, die an die Schachtel des gleichnamigen französischen Weichkäses erinnert. Im Parlamentarium, dem Besucherzentrum und Museum des Europaparlaments, kann man sich auf eine interaktive Reise durch die Geschichte Europas begeben (Rue Wiertz 60, Mo 13–18, Di, Mi 9–20, Do 9–18, Fr, Sa, So 10–17 Uhr, Führungen mit Audioguide Mo–Do 10 und 15, Fr nur 10 Uhr, www.europarl.europa.eu).

*Muséum des Sciences Naturelles **28**

Das Museum liegt am Rand des charmanten Leopoldparks, im 19. Jh. als englischer Garten angelegt, später vom Industriellen Ernest Solvay zum Wissenschaftszentrum mit repräsentativen Institutsgebäuden ausgebaut. Zu sehen sind u. a. die größte Dinosaurierausstellung Europas und eine interaktive Schau zur Erdgeschichte. Hit für Kids: der Dino Shop und das PaleoLab, in dem man selbst Fossilien untersuchen kann (Rue Vautier 29a, Di–Fr 9.30–17, Sa, So 10–18 Uhr, www.naturwissenschaften.be).

Restaurant

Maison Antoine
Place Jourdan 1][**Tel. 02 230 54 56**
www.maisonantoine.be
Seit 1948 eine Brüsseler Institution! In der weltberühmten Frittenbude verkauft die Familie Desmet schon in der dritten Generation Pommes, die als die besten der Stadt gelten. ●

****Parc du Cinquantenaire (Jubelpark)** 29

Der einstige Exerzierplatz wurde anlässlich der Feierlichkeiten zum 50. Jahrestag der belgischen Unabhängigkeit in eine Grünanlage umgewandelt. Ihr Wahrzeichen ist der dreibogige, von einer Bronzequadriga gekrönte **Triumphbogen,** von dessen Aussichtsplattform (Zugang über das Armeemuseum) sich ein grandioser Blick über Brüssel bietet. Die sich beidseits anschließenden Hallen beherbergen heute drei sehenswerte Museen.

****Musées Royaux d'Art et d'Histoire** 30

Nationale Archäologie, Antike, außereuropäische Kulturen und europäisches Kunstgewerbe – die in vier Bereiche aufgeteilte, umfangreiche Sammlung birgt Schätze wie eine 6 t schwere Statue von den Osterinseln, nach Vorlagen von Rubens gefertigte Brüsseler Wandteppiche und die Hochzeitskutsche Napoleons III. (Di–Fr 9.30–17, Sa, So, Fei 10–17 Uhr, www.kmkg-mrah.be).

***Autoworld** 31

Im Palais Mondial, **einer imposanten Stahl-Glas-Konstruktion von 1880,** sind heute 400 Oldtimer ausgestellt, darunter einige Ikonen der Automobilgeschichte. Das Spektrum reicht vom Nachkriegskäfer bis zur luxuriösen Staatskarosse. Einen Schwerpunkt bilden Modelle belgischer Firmen wie Minerva, Imperia, FN und Germain (im Sommer 10–18, sonst bis 17 Uhr, www.autoworld.be).

***Musée de l'Armée et d'Histoire Militaire** 32

Das zur Weltausstellung von 1910 eröffnete Museum zeigt Rüstungen, Waffen und Uniformen vom Mittelalter bis in die napoleonische Ära, ferner eine riesige Sammlung von über 100 Flugzeugen und Panzern aus den beiden Weltkriegen (Di–So 9–12, 13–16.45 Uhr, Eintritt frei, www.klm-mra.be).

Europaviertel

25 Berlaymont-Gebäude
26 Place Jean Rey
27 Europäisches Parlament
28 Muséum des Sciences Naturelles
29 Parc du Cinquantenaire
30 Musées Royaux d'Art et d'Histoire
31 Autoworld
32 Musée de l'Armée et d'Histoire Militaire

**Atomium

Noch ein Wahrzeichen Brüssels und zwar ein futuristisches: Die 102 m hohe, weithin sichtbare Konstruktion im Nordwesten der Stadt wurde für die Weltausstellung von 1958 errichtet und stellt ein Eisenkristallmolekül in 165-milliardenfacher Vergrößerung dar. Als Symbol für die friedliche Nutzung der Atomenergie gedacht, spiegelt sie den noch ungebrochenen Fortschrittsglauben der damaligen Zeit wider. In den Jahren 2004–2005 wurde das Atomium renoviert und die ursprüngliche Aluminiumverkleidung durch Edelstahl ersetzt. Sechs der neun Kugeln mit einem Durchmesser von jeweils 18 m sind begehbar. Von der obersten Kugel bietet sich ein sensationeller Rundumblick (tgl. 10–18 Uhr, Eintritt 11€, www.atomium.be, Metrostation Heysel). Gleich nebenan kann man in Mini-Europa bedeutende europäische Sehenswürdigkeiten im Miniaturformat bestaunen (tgl. 9.30–17, Juli/Aug. bis 19 Uhr, ca. 13 €, www.minieurope.com).

Infos

■ **Brussels International**
Hôtel de Ville/Grand-Place
Tel. 02 513 89 40
www.brusselsinternational.be
Tgl. 9–18 Uhr

■ **Brussels Info Place (BIP)**
Rue Royale 2–4][Tel. 02 563 62 00
www.biponline.be
Tgl. 9–18 Uhr

Verkehrsmittel

■ **ÖNVP:** Brüssel bietet ein gut ausgebautes Netz öffentlicher Verkehrsmittel; Betreiber ist die **Société des Transports Intercommunaux Bruxellois STIB, www.stib.be** Metro, Straßenbahnen und Busse verkehren von 6–24 Uhr, einen Plan erhält man gratis an den Metro-Schaltern; Tickets dort sowie an Automaten und bei BIP (s. o.).

Aktivitäten

■ **Stadtspaziergänge:** geführte Touren durch die Innenstadt in englischer Sprache tgl. 14.30 Uhr, ca. 3 Std., 10 €, Treffpunkt Touristeninfo, Grand-Place.

■ **Fahrradtouren:** Geführte Touren mit unterschiedlichen Themenschwerpunkten und Fahrradverleih u. a. über **Pro Velo (Rue de Londres 13–15, Tel. 02 502 73 55, www.provelo.org).**

■ **Bootsrundfahrten:** Touren innerhalb und außerhalb des Stadtgebiets organisiert von Mai bis Sept. **Rivertours, Tel. 02 218 54 10, www.rivertours.be.**

Unterkunft

■ **Amigo**
Rue de l'Amigo 1][Tel. 02 547 47 47
www.hotelamigo.com
Das 5-Sterne-Haus liegt in unmittelbarer Nähe des Rathauses. Die Zimmer sind mit allem Komfort ausgestattet – ein Wohlfühlpalast! Am Wochenende deutlich günstigere Preise. ●●●

■ **The Dominican**
Rue Léopold 9][Tel. 02 203 08 08
www.designhotels.com/thedominican
Das 4-Sterne-Hotel liegt gleich hinter der Oper. Modernes Desgin wird im historischen Ambiente des ehemaligen Klostergebäudes wirkungsvoll in Szene gesetzt. Die 150 Zimmer sind stylisch bis ins kleinste Detail. Bar, Spa und Türkische Sauna. ●●●

■ **Bloom**
Rue Royale 250][Tel. 02 220 66 11
www.hotelbloom.com
Das Hotel liegt neben dem Botanischen Garten. »To bloom«, blühen, ist auch das Motto der Innengestaltung, die Ausstattung der 305 Zimmer stammt von verschiedenen Künstlern. ●●

■ **Orts**
Rue Auguste Orts 38–40
Tel. 02 450 22 00
www.hotelorts.com
Kleines, aber feines Hotel nahe der Börse. 11 Zimmer und 1 Suite. ●●

■ **Royal Windsor**
Rue du Duquesnoy 5
Tel. 02 505 55
www.royalwindsorbrussels.com
Die »Fashion Rooms« wurden von belgischen Modeschöpfern gestaltet, die hier jeweils ihre Idealvorstellung von einem Hotelzimmer realisierten. ●●

■ **Ursule La Libellule**
Chaussée de Vleurgat 155
Tel. 02 73 58 43 69][www.ursule.be
Das charmante B & B liegt gleich an der hippen Avenue Louise rund 10 Fußminuten vom »Café Belga« am Flagey entfernt. Die Oase mit romantischem Garten verfügt nur über 2 Zimmer (ca. 4 Wochen im Voraus buchen). ●●

Echt gut!

Restaurants

■ Comme Chez Soi

Place Rouppe 23b

Tel. 02 512 29 21

www.commechezsoi.be

Die Institution unter den Sternerestaurants. Noch gesteigert wird der Genuss von Lionel Rigolets raffinierter belgischer Küche durch das schwelgerische Jugendstilambiente. Reservierung empfohlen. So, Mo, Mi mittag geschl. ●●●

■ Lola

Place du Grand Sablon 33

www.restolola.be

Schickes Restaurant auf dem mondänen Grand Sablon. Exquisite und köstliche Fisch- und Pastagerichte. Tgl. 12–17, 18.30–23.30 Uhr, Sa, So durchgehend geöffnet. ●●●

■ Chez Léon

Rue des Bouchers 18

Tel. 02 511 14 15

www.chezleon.be

Traditionslokal für belgische Küche. Hier sollte man unbedingt Moules-frites bestellen, dazu ein »Léon«-Bier, das eigens für das Restaurant gebraut wird. Tgl. 11–23, Fr, Sa bis 23.30 Uhr. ●●

■ Belga Queen

Rue Fossé-aux-Loups 32

Tel. 02 217 21 87

www.belgaqueen.be

In-Restaurant in der Schalterhalle der ehemaligen Handelsbank, die Interpretationen der belgischen Küche sind eine Offenbarung. Tgl. 12–14, 19–24 Uhr. ●●

■ La Quincaillerie

Rue du Page 45

Tel. 02 533 98 33

www.quincaillerie.be

Restaurant und Meeresfrüchtebar in einem ehemaligen Eisenwarenladen. Mo–Sa 12–14.30, 19–24 Uhr, So 19–24 Uhr. ●●

■ Rouge Tomate

Avenue Louise 190

Tel. 02 647 70 44

www.rougetomate.be

In einem Stadtpalais von 1883 mit schönem Garten; der Küchenchef serviert gesunde Küche auf der Basis von Bioprodukten, hauptsächlich Vegetarisches. Der Ableger in New York hat bereits einen Michelin-Stern! Tgl. 12–14.30, 19–22.30, Sa 19–22.30 Uhr. ●●

■ À la Mort Subite

7, rue Montagne-aux-Herbes-Potagères][Tel. 02 513 13 18

www.alamortsubite.com

Schon Jacques Brel trank hier sein Bier und genoss das Belle-Époque-Dekor. Es gibt Gueuze und Kriek aus der eigenen Brauerei. Tgl. 11–1 Uhr. ●●

■ Le Pain Quotidien

Rue Antoine Dansaert 16

Rue des Sablons 11

Avenue Louise 124 u. a.

www.lepainquotidien.be

Bäckereikette mit charmantem Konzept: Ein reichhaltiges Frühstück, lecker belegte Brote und wechselnde kleine Tagesgerichte werden an einem großen Holztisch gemeinsam verzehrt. Mo–Sa 7.30–19, So bis 18 Uhr.

Shopping

■ Exklusives findet man in den Galéries Royales St-Hubert > S. 45, Trendiges in der Rue A. Dansaert, am Boulevard de Waterloo und an der Avenue Louise, Antikes und Kurioses auf den Brüsseler Flohmärkten > S. 49 und Delikatessen rund um die Rue des Bouchers > S. 45.

■ Idiz Bogam

Rue Haute 180–182

Eigene Kreationen des Modedesigners, Edel-Secondhand-Mode, Schuhe und Accessoires.

■ Stijl
Rue Antoine Dansaert 74
www.stijl.be
Belgische Designermode von Bikkembergs, Ann Demeulemeester & Co.

■ Hatshoe
Rue Antoine Dansaert 89
www.hatshoe.be
Schuhe aus ungewöhnlichen Materialien und mit originellen Details, u. a. von Dries van Noten und Ellen Verbeek.

■ Boutique Balthazar
Rue Marché aux Fromages 22
www.balthazarstore.com
Glamouröse Hutkreationen der aufstrebenden Hoflieferantin Fabienne Delvigne und andere atemberaubende Haute-Couture-Accessoires.

■ Mary – Artisan Chocolatier
Rue Royale 73][www.mary.be
Das 1919 gegründete Traditionshaus, Lieferant des Königshauses, setzt auch geschmacklich auf Bewährtes.

■ Neuhaus
Galerie de la Reine 25–27 (acht weitere Filialen)
www.neuhaus.be
Die »gefüllten Schokoladenbissen« des Pralinen-Erfinders Jean Neuhaus erfreuen sich seit 1912 ungebrochener Beliebtheit.

Pralinen von Neuhaus

■ L'Archiduc
Rue Antoine Dansaert 6
www.archiduc.net
Für viele die beste Adresse für Jazz in Brüssel. Original erhaltene Art-déco-Einrichtung von 1937.

■ Flagey
Rue du Belvédère 27
Tel. 02 641 10 20][www.flagey.be
Die ehemalige Rundfunkanstalt ist seit 2002 ein angesagtes Kulturzentrum. Es präsentiert sich als »Klangfabrik« mit Neuer Musik, Jazz, Klassik und Pop. Beim »Jazz on Thursday« spielt das Brussels Jazz Orchestra.

■ Cirio
Place de la Bourse 18
Café-Bar mit leicht angejahrtem Jugendstilambiente, in der die Brüsseler gern ihr Feierabendbier trinken. Tgl. 10–3 Uhr.

■ À la Becasse
Rue de Tabora 11
www.alabecasse.com
Urige Kneipe in einer kleinen Gasse nahe der Grand-Place. Gueuze, Kriek und Lambic werden im Krug serviert, dazu gibt es Quark- und Käsebrote.

Nightlife

■ Théâtre Royal de la Monnaie
Place de la Monnaie 23
Tel. 02 229 12 00
www.lamonnaie.be
Die Zeitschrift »Opernwelt« wählte die Brüsseler Oper 2011 zum Opernhaus des Jahres. Tickets für Veranstaltungen am selben Abend: **Billetterie Arsène 50 (Rue Royale 2, www.arsene50.be)** und **Billeterie de Flagey (Place Sainte-Croix, www.flagey.be).**

Ausflüge in die Umgebung

Wasserschlösser bei Brüssel

Das trutzige *Kasteel van Beersel gut 10 km südlich von Brüssel wurde um 1300 errichtet und zählt zu den besterhaltenen mittelalterlichen Wehrbauten Flanderns. Besonders malerisch wirkt die Burg im Abendlicht, wenn die untergehende Sonne den roten Backstein zum Leuchten bringt. Einer der wuchtigen halbrunden Ecktürme beherbergt eine Folterkammer, die Einblicke in die mittelalterliche Rechtsauffassung gibt. Nach dem Besuch kann man im Burggarten spazieren gehen (März–Mitte Nov. Di–So 10–12, 14–18, Mitte Nov.–Febr. Sa, So 10–12, 14–18 Uhr, www.beersel.be).

Für seine Rosenzüchtungen bekannt ist der Park, der das romantische **Kasteel van Coloma** aus dem 16. Jh. umgibt. Durch ein

Rosenblüte im Park von Coloma

schmiedeeisernes Tor am Ende des Wassergrabens betritt man den Garten und wird von einem Meer roter, weißer und rosafarbener Rosen empfangen. Mit 65 000 Pflanzen ist dieses Rosarium das größte Westeuropas; der Spaziergang vorbei an den von Taxishecken eingefassten Beeten ist nicht nur visuell ein Hochgenuss. Der Lustturm neben dem Schloss beherbergt ein kleines Rosenmuseum. Mitten im Park bietet die Taverne »De Koetsier« Gelegenheit zur Rast (J. Depauwstraat 1, 1600 Sint-Pieters-Leeuw, 13 km südwestlich von Brüssel, Mitte Mai–Okt. Di–So 10–19/20 Uhr).

Echt gut

Ewa 15 km südwestlich von Brüsseln thront in den Hügeln des Pajottenlandes das *Kasteel van Gaasbeek. Es wurde Mitte des 13. Jhs. errichtet, um Brabant gegen Invasionen aus Flandern und dem Hennegau zu schützen; 1388 zerstört, zog sich der Wiederaufbau über zwei Jahrhunderte hin. Die zinnenbewehrten Türme zeugen noch heute von den kriegerischen Anfängen des Kastells, das im 19. Jh. von der Marquise Arconati-Visconti in einen repräsentativen Wohnsitz umgewandelt wurde. Sie brachte hier auch ihre wertvolle Kunstsammlung unter, die Brüsseler Wandteppiche, Gemälde, Mobiliar, Gold- und Silberarbeiten sowie Waffen umfasst. 1921 vermachte sie Schloss und Sammlung dem Staat, beides kann nun besichtigt werden. Reizvoll ist auch ein Spaziergang durch den barocken Park und den Museumsgarten mit alten Obst- und

Weitläufige Parkanlagen umgeben das Kasteel van Gaasbeek

Gemüsesorten (April–Mitte Nov. Di–So 10–18 Uhr, Park Mai–Sept. 8–20, Okt.–April bis 18 Uhr, www.kasteelvangaasbeek.be).

Restaurant

3 Fonteinen
Beersel][**Hoogstraat 2**
Tel. 02 306 71 03
www.3fonteinen.be
In der Brauereigaststätte sollte man unbedingt ein »Beersel Lager« bestellen, ein Bier »mit würzigem, trocken hopfigem Geschmack«, wie es ein Kenner beschreibt. ●

Bruegel-Wanderung im Pajottenland

Der flämische Maler Pieter Bruegel verewigte in vielen seiner Gemälde, u. a. in der »Kornernte« und der »Bauernhochzeit«, flämische Lebensart und Landschaft. Nach längeren Aufenthalten in Italien ließ Bruegel sich in Brüssel nieder und fand seine Motive gleichsam vor der Haustür. In der Landgemeinde **Dilbeek** zeigt ein **Freilichtmuseum,** wo Bruegel die Anregungen zu seinen Werken fand. Ein 8 km langer Wanderweg führt zu 19 Stationen, an denen Reproduktionen seiner Werke aufgestellt wurden. Vieles dort Dargestellte wird der Betrachter im noch immer bäuerlich geprägten Pajottenland wiederentdecken, manchmal stößt man sogar auf das Original eines Bildmotivs, wie in **Itterbeek** auf die Dorfkirche Sint-Anna, die in Bruegels »Blindensturz« wiedergegeben ist (www.dilbeekserfgoed.be).

Restaurant

Hostellerie d'Arconati
Dilbeek][**D'Arconatistraat 77**
Tel. 02 569 35 00][**www.arconati.be**
Schön gelegenes Restaurant in einer Art-déco-Villa mit Gartenterrasse, klassische flämische Küche. Mo, Di, So Abend geschl. ●●

Tour in Flämisch-Brabant

Bierkultur in Flämisch-Brabant

 Brüssel › Leuven › Hoegaarden › Diest › Brüssel

Dauer/Länge: 2–3 Tage; 150 km
Praktische Hinweise: Die Tour ist für das Auto gedacht, lässt sich aber auch mit dem Fahrrad bewältigen (Radverleih www.provelo.be in Brüssel, www.ku leuven.be/velo in Leuven und Diest). Detaillierte Karten sind für 9 € in allen Tourismusbüros der Provinz erhältlich oder als Download unter www.toerisme vlaamsbrabant.be.

Knapp 40 Brauereien gibt es in der Provinz Flämisch-Brabant und eine eindrucksvolle Vielfalt an Bierspezialitäten. Die Tour führt zunächst in die Provinz-hauptstadt **Leuven** › S. 64, wo die »längste Theke der Welt« dafür sorgt, dass niemand Durst leiden muss. Danach geht es rund 25 km in südöstlicher Richtung nach **Hoegaarden** › S. 66, wo Belgiens berühmtestes Weißbier gebraut wird, und schließlich noch einmal rund 30 km weiter nach Südwes-ten ins Städtchen **Diest** › S. 67. In der urigen Kneipe der kleinen Hausbrauerei Loterbol sollte man unbedingt das obergärige »Blond« und «Bruin» probieren.

Unterwegs in Flämisch-Brabant

3   **Leuven** 33

Am **Grote Markt** muss man sich erst mal setzen – weil man von der Pracht des **Stadhuis** fast er-schlagen wird. Filigrane Orna-mente und fast 300 Statuen zieren das Schmuckstück, das Mathieu de Layens von 1448 bis 1468 erschuf.

Die **Sint-Pieterskerk** in der Mitte des Platzes ist ein Meister-werk der Brabanter Spätgotik. Von den drei geplanten Türmen der Kirche – der mittlere sollte 170 m hoch werden – ist nur die Basis erhalten. Nach mehreren Einstürzen aufgrund des sandigen Untergrundes wurden die Bauar-beiten 1541 eingestellt. Die Raum-wirkung im Inneren prägen zierli-che Kreuzgratgewölbe über hohen Spitzbögen und schlanken Bün-delpfeilern. Chor und Hochchor fungieren als **Museum für Kir-chenkunst.** Hier sind kostbare Stücke des Kirchenschatzes sowie Skulpturen und Gemälde des 15. bis 18. Jhs. ausgestellt. Das »Letzte Abendmahl« ist das Hauptwerk des Malers Dirk Bouts, der seit

Oude Markt in Leuven mit dem spätgotischen Rathaus

1450 in Leuven lebte und arbeitete (Di–Fr 10–17, Sa 10–16.30, So, Fei 14–17 Uhr).

Leuven ist eine Studentenstadt und die 1425 gegründete **Katholische Universität** die älteste Belgiens, mit einem europaweit hervorragenden Ruf. Das beschert der Stadt jedes Jahr Tausende von Austauschstudenten und den mittelalterlichen Gassen internationales Flair. Unweit des Rathauses öffnet sich in der Muntstraat ein Schlaraffenland mit Köstlichkeiten aus aller Welt. Sushi, Pizza und Pasta, trendige Fusionsküche. Traditionell und bodenständig speist man in der kleinen Domus-Brauerei (Tiensestraat 8), begleitet natürlich von einem frisch gezapften Bier der Hausmarken »Nostra Domus« oder »Con Domus«.

Leuven gilt als Belgiens Bierhauptstadt – Stella Artois, die größte Brauerei des Landes, und der InBev, der größte Brauereikonzern der Welt, haben hier ihren Sitz. Und der ***Oude Markt** in Leuven gilt als die »längste Theke der Welt« – an beiden Seiten des Platzes mit seinen eindrucksvollen historischen Fassaden reihen sich Restaurants und Kneipen aneinander.

Leuvens ****Großer Beginenhof,** eine Stadt in der Stadt mit mehr als 100 Häusern, Krankenstation und Kirche, zählt seit 1998 zum UNESCO Weltkulturerbe. Bis 1795 war er den dort lebenden Frauen vorbehalten. Heute leben hier Studenten und Mitarbeiter der Universität.

Nicht weit davon entfernt lockt der wunderbare alte ***Botanische Garten.** Er wurde 1738 als Kräutergarten für die Medizinstudenten angelegt. Im 19. Jh. errichtete man die Orangerie, später kamen das tropische Gewächshaus und der Wassergarten hinzu (Mai bis Sept. tgl. 9–20 Uhr).

Biere für jeden Geschmack

Infos

■ **Toerisme Leuven**
Naamsestraat 3
Tel. 016 20 30 20
www.leuven.be
Hier sind u. a. Karten für drei ca. 4 km
lange Stadtspaziergänge erhältlich.
■ **Führung »Leuvener Bier-Geschich-**
ten«: Entdeckungsreise zu alten Knei-
pen und Brauereien mit viel Historie
und zahlreichen Histörchen (April–Okt.
So 11 Uhr, englischsprachig, ca. 1 Std.,
Treffpunkt: Toerisme Leuven).

Unterkunft

Martin's Klooster
Predikherenstraat 22
Tel. 016 21 31 41
www.martins-hotels.com
Das Hotel mit malerischem Garten
liegt in einer Gasse, in der sich Meisterwerke der Baukunst aus Mittelalter und

Renaissance aneinanderreihen. **Decken-**
balken, Parkettböden und der offene
Kamin wurden liebevoll restauriert
und mit einer stilvoll-gemütlichen Inneneinrichtung kombiniert. ●●

Restaurant

De Valck
Tiensestraat 10][**Tel. 016 22 13 97**
www.devalck.be
Jede Menge leckere Biergerichte und
umfangreiche Bierkarte. Mit Ausnahme
der Sommermonate Mo geschl. ●●

Nightlife

Thomas Stapletons
Standonckstraat 4
www.thomasstapleton.be
Bei Studenten beliebter Irish Pub.

Hoegaarden 34

Hoegaarden ist ein charmantes
Dorf im ländlichen Brabant. Viele
Besucher kommen des hübschen
botanischen Gartens wegen (www.
detuinenvanhoegaarden.be). Berühmt ist Hoegaarden allerdings
für sein Weißbier. Die Brautraditi-
on des Ortes geht auf das 14. Jh.
zurück, bei einem Besuch in der
Brauerei Hoegaarden erfährt man
Interessantes über den Braupro-
zess und kann zum Abschluss ein
frisch gezapftes Blondes probieren
(www.hoegaarden.com). Das älteste Haus des Dorfes beherbergt
Hoegaardens kleinste Brauerei mit
gemütlicher Kneipe (Ernest Oury-
straat 2, www.nieuwhuys.be).

Unterkunft

B & B Klein Paradijs
Walestraat 2][**3320 Hoegaarden**
Tel. 016 76 64 70
www.kleinparadijs.be
Idyllisches B & B in einem 300 Jahre
alten Gehöft, die freundlichen Inhaber
geben Empfehlungen für Rad- und
Wandertouren. ●

*Diest 35

Das schmucke Städtchen erlebte eine Blütezeit als Residenz der Oranier. Von diesen glanzvollen Tagen zeugen die prächtigen Patrizierhäuser, die den **Grote Markt** umgeben. Im Rathauskeller ist das **Stedelijk Museum** untergebracht, in dem Gemälde, Gold- und Silberschmiedearbeiten sowie Rüstungen zu bewundern sind – eine davon stammt aus dem Besitz Philipps von Oranien. Beigesetzt wurde der Herrscher in der **Sint-Sulpitiuskerk,** einem eindrucksvollen Sandsteinbau im Stil der Demergotik.

Idyllischster Ort in Diest ist zweifelsohne der im 13. Jh. gegründete Beginenhof. Er besitzt ein prächtiges barockes Eingangsportal mit einem Madonnenbildnis. Die meisten Häuser stammen aus dem 17. und 18. Jh., eines ist als Museum zugänglich. Die Sint-Katharinakerk aus dem 14. Jh. besitzt eine schöne barocke Kanzel.

Besucher bekommen einen Eindruck von der Ruhe, Harmonie und Abgeschiedenheit des mittelalterlichen Beginenlebens. »Willkommen, meine Schwesternbräute« ist noch heute über dem barocken Tor zu lesen.

Unterkunft

The Lodge
Refugiestraat 23][Tel. 013 35 09 35
www.lodge-hotels.be
Das im Ortskern gelegene 3-Sterne-Hotel befindet sich in einem liebevoll restaurierten Schloss aus dem 16. Jh. ●●

Restaurant

■ Gasthof 1618
Kerkstraat 18][Tel. 013 67 77 80
www.gasthof1618.be
Brasserie in historischen Räumlichkeiten im Beginenhof mit bodenständiger Küche. Di–So 11–22 Uhr. ●

■ Brasserie Loterbol
M. Theysstraat 58a][www.loterbol.be
Die Hausbrauerei öffnet an jedem 1. Samstag im Monat ihren Schankraum für Besucher. ●

7
Bierkultur in Flämisch-Brabant   Drüssel >
Leuven > Hoegaarden >
Diest > Brüssel

Antwerpen und Provinz

Nicht verpassen!

- Im Rubenshaus in die Lebenswelt des barocken Malergenies eintauchen
- Vom Dach des MAS den umwerfenden Blick auf Antwerpen und den Hafen genießen
- Auf der Nationalestraat das Modeimperium von Dries Van Noten bestaunen
- Im angesagten Stadtviertel »Zuid« einen Cocktail schlürfen
- Sich in Mechelen vom Klang des Glockenspiels verzaubern lassen
- Im Kempenland Klosterspezialitäten probieren

Zur Orientierung

Antwerpen war im Zeitalter des Barock eine Hochburg der Malerei: Rubens, Van Dyck und Jordaens lebten und arbeiteten hier, Werke hinterlassend, die Meilensteine der Kunstgeschichte darstellen. Sie sind in vielen Museen und Kirchen der Stadt zu besichtigen. Als Auftraggeber fungierten reiche Kaufleute, die auch das Rathaus und die prächtigen Gildehäuser am Marktplatz errichten ließen – Zeugen des Wohlstands, den die Stadt am Scheldeufer seit dem 15. Jh. als Handelshafen und vor allem als Stapelplatz für Wolle erlangt hatte.

Schon damals war Antwerpen Weltstadt. Heute ist sein Hafen der drittgrößte Europas, sorgt für beständiges Wirtschaftswachstum und verleiht der Stadt erneut internationales Flair. So stolz die Antwerpener auf ihren ehemaligen Stadthafen sind, so stolz sind sie auf das neue Gesicht, das »Het Eilandje« in den letzten Jahren bekommen hat: Das ehemalige Hafenviertel rund um das brandneue Museum aan de Stroom ist zum In-Viertel geworden, in den alten Lagerhäusern haben sich Bars und Kneipen angesiedelt – ein Abend am Kai ist traumhaft!

Antwerpen gilt als eine der größten Designer-Talentschmieden weltweit, Couturiers mit

spektakulären Entwürfen machen seit dem kometenhaften Aufstieg der »Antwerpen Six« Ende der 1980er-Jahre auf den Laufstegen der Welt Furore. Beim Shoppingbummel in der Nationalestraat kann man die avantgardistischen Schaufenster der Modetempel von Dries Van Noten und anderen Modegrößen bestaunen. Zu teuer? Kreative Secondhandläden gibt es ein paar Straßen weiter. Die Auswahl für jeden Geschmack und Geldbeutel ist gigantisch.

Antwerpen ist auch Diamantenhauptstadt, über 1500 Firmen machen hier mit dem Edelstein täglich Geschäfte. Und Antwerpen ist immer noch City of Art: Die moderne Kunstszene hat sich in den letzten zehn Jahren in Zuid niedergelassen, mittlerweile gibt es dort über 20 Galerien. Dem Viertel hat dies eine spannende Ausgehszene beschert – das Spektrum reicht vom Performance-theater bis zur Cocktailbar mit gewagten Drinks.

Kontrastprogramm in der beschaulichen Provinz: In Mechelen muss man den Glocken lauschen, das Spiel des Romboutsturms ist weltweit einmalig. In der hübschen Altstadt von Lier führen alle Wege zum Zimmertoren, einem Wunderwerk der Mechanik. Und auf den Spuren der Norbertinermönche lernt man im Kempenland bezaubernde Orte der Stille kennen.

Blick vom Dach des MAS auf Antwerpens Hafen

Touren durch ***Antwerpen

Zentrum und Eilandje

– ❽ – **Grote Markt › Liebfrauenkathedrale › Vlaaikensgang › Museum Plantin-Moretus › Het Steen › Vleeshuis ›
Sint-Carolus-Borromeuskerk ›
Sint-Pauluskerk › Rockoxhuis
› Hessenhuis › MAS**

Dauer/Länge: 1/2 Tag; 4 km
Praktische Hinweise: Das historische Zentrum lässt sich gut
zu Fuß erkunden, Spaß macht
aber auch eine Tour mit dem
Rad oder der Vespa › S. 82/83.
Wer das Museumsangebot ausgiebig nutzen möchte, sollte
die Antwerpen City Card erwerben (freier Eintritt in alle
Antwerpener Museen; 48 Std.
28 €, nähere Infos unter www.
visitantwerpen.be).

**Grote Markt

Antwerpens Herz schlägt auf dem
Marktplatz, wo das im prachtlie-
benden Stil der Brabanter Renaissance erbaute *Rathaus ❶ einen
Blickfang bildet. Wappen der
Herzöge von Brabant, der Markt-
grafschaft Antwerpen sowie von
Phillip II., der damals über die
Niederlande herrschte, zieren den
Mittelgiebel. Darüber steht in einer Nische die Statue »Unserer
lieben Frau«, der Schutzpatronin
der Stadt.

Der Platz ist umgeben von
prächtigen **Zunfthäusern** mit
reich verzierten Fassaden, die den
Glanz des alten Antwerpen wi-
derspiegeln. Vergoldete Figuren
der Schutzpatrone der einzelnen
Zünfte zieren die Giebel. An einigen Fassaden wurden Gedenkta-
feln angebracht, so am Geburts-
haus von Rubens' Meisterschüler
Anthonis van Dyck (Nr. 4).

Der **Brabobrunnen** auf dem
Marktplatz, 1887 von Jef Lam-
beaux geschaffen, stellt den römischen Legionär Silvius Brabo dar,
der die Hand des von ihm besiegten Riesen Druon Antigon in die
Schelde wirft. Der Unhold hatte
auf dem Fluss Schiffe geplündert
und allen, die den geforderten
Wegezoll nicht entrichten wollten,
die rechte Hand abgehackt. Silvius
Brabo beendete die Plage, indem
er Gleiches mit Gleichem vergalt.
Die in vielen Bäckereien der Stadt
verkauften »Antwerpse Handjes«
erinnern an diese Legende und
auch der Name der Stadt soll auf
sie zurückgehen (Hand werfen =
niederländisch »Hand werpen«).

Restaurant

Wer die einmalige Atmosphäre noch
ein wenig auf sich wirken lassen
möchte, lässt sich im Traditionscafé
Engel an einem Tisch im Freien nieder
und bestellt ein frisch gezapftes »Bol-
leke«, ein dunkles Vollbier aus der
Brauerei De Koninck (**Grote Markt 3,
www.cafedenengel.be**).

Der Brabobrunnen vor dem Rathaus schildert die Stadtgründungslegende

Onze-Lieve-Vrouwe-kathedraal 2

Antwerpens Wahrzeichen wurde nach fast 179-jähriger Bauzeit 1521 fertiggestellt, mit seinem weithin sichtbaren, 123 m hohen Nordturm ist der Dom der größte Sakralbau Belgiens. Der reiche Kirchenschatz fiel dem Bildersturm zum Opfer, umso mehr beeindrucken im schlichten Inneren die Rubens-Gemälde: Das monumentale Triptychon »Kreuzaufrichtung« hing bis 1794 über dem Hochaltar der Sint-Walburgiskerk. Während der Französischen Revolution wurde es nach Paris verschleppt, kehrte aber 1815 nach Antwerpen zurück und ist nun seit 1816 größter Stolz der Liebfrauenkathedrale. Die »Auferstehung Christi« war eine Auftragsarbeit für die Druckerwitwe Martina Plantin, die »Kreuzabnahme« schuf Rubens für die Schützengilde. Die »Himmelfahrt Mariens« ersetzte eine ältere Altartafel. Wegen der Restaurierungsarbeiten im Koninklijk Museum voor Schone Kunsten sind acht Altargemälde aus dessen Beständen bis 2017 in der Liebfrauenkathedrale zu sehen (Mo–Fr 10–17, Sa 10–15, So 13–16 Uhr, www.dekathedraal.be).

Vlaaikensgang 3

Enge Gänge und kleine Backsteinhäuschen säumen das verwinkelte Gässchen, in dem einst Schuster arbeiteten und die Armen der Stadt bei deren Kundschaft um Almosen bettelten. Heute verbergen sich hinter den restaurierten Fassaden Antiquitätenläden und ein Restaurant. **Ein romantischer Winkel, der eine Vorstellung vom alten Antwerpen gibt:** Der Großstadtlärm bleibt außen vor, nur ab und an durchbricht das Läuten der Liebfrauenkirche die Stille (Eingang Oude Kornmarkt 16).

Renaissance par excellence im Innenhof des Museums Plantin-Moretus

In dem vom Kunsthändler Axel Verwoordt restaurierten Bau serviert das **Sir Anthony Van Dyck** belgische Küche im Brasserie-Stil (**Tel. 03 231 61 70, www.siranthonyvandijck.be, So und Fei geschl., ●●**).

✱✱✱Museum Plantin-Moretus 🄴

Das schöne Renaissanceensemble beherbergte im 16. Jh. die Druckerei der Familie Plantin-Moretus. Über 80 Beschäftigte arbeiteten hier parallel an etwa 20 Druckerpressen. Im angeschlossenen Verlag publizierten bedeutende Humanisten und Geistesgrößen des 17. Jh. Moretus' Nachkommen führten das Haus über 300 Jahre fort, bis der letzte Erbe alles der Stadt vermachte. Heute fungiert der Komplex als Museum, das Druckwerkstatt, Setzerei und Kontor umfasst.

Neben einer Gutenbergbibel sind hier die ältesten Druckerpressen der Welt zu bestaunen. Beeindruckend ist auch die Sammlung von Kupferstichen und Zeichnungen Antwerpener Meister des 16. Jhs. Seit 2005 zählt das Museum zum UNESCO-Weltkulturerbe. Neben den Exponaten bezaubern die Ausstattung der Räume und der wunderschöne Innenhof (Vrijdagmarkt 22–23, Di–So 10–17 Uhr, www.museum plantinmoretus.be).

Het Steen 🄴

Die einstige Residenz der Burggrafen an der Schelde ist Antwerpens ältestes Gebäude. Sie geht auf das 9. Jh. zurück. Der heutige Bau ist Teil einer im 13. Jh. errichteten Festung. 1520 ließ Kaiser Karl V. die Burg ausbauen, um Artillerie aufnehmen zu können. Der helle Sandstein der neuen Bauteile setzt

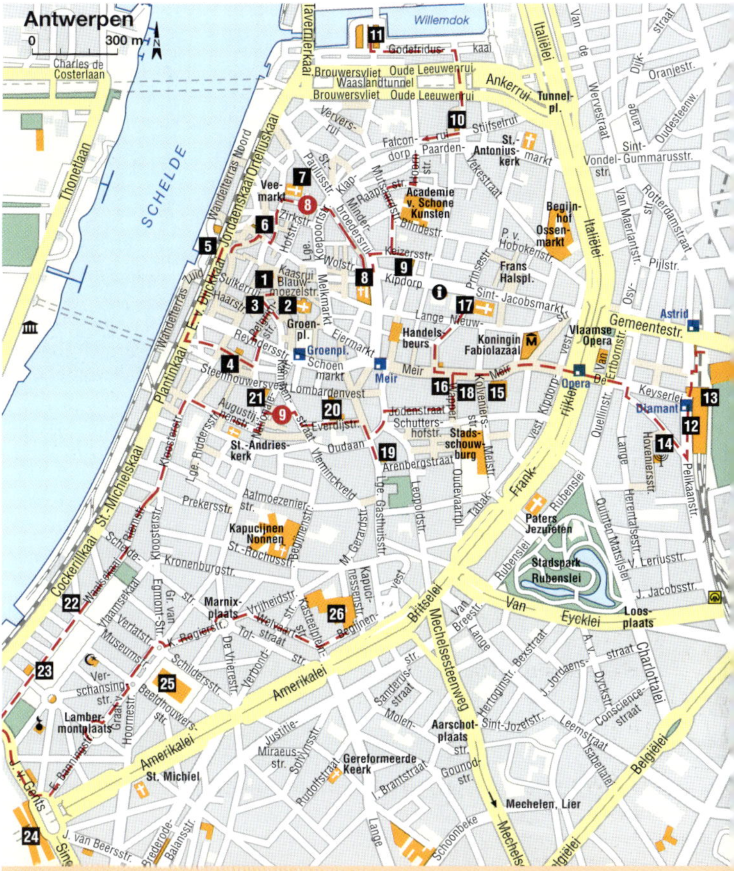
Antwerpen
0
300 m
N
Willemdok
Godefridus-
kaai
Charles de Costerlaan
Brouwersvliet
Oude Leeuwenrui
Waaslandtunnel
Ankerrui
Tunnel-pl.
Italiëlei
Van de Wervestraat
Oranjestr.
Dijkstraat
Lange Oudesteenw.
Sint-Gummarusstr.
Vondel-str.
Van Maerlantstr.
Rotterdamstraat
Pijlstr.
Osy-
Stijfselrui
Falcon-dorp
Paarden-
St.-Antonius-kerk
Vekestraat
Academie v. Schone Kunsten
Begijn-hof
Ossen-markt
P. v. Hobokenstr.
Frans Halspl.
Kaiserstr.
Kipdorp
Sint-Jacobsmarkt
Prinsesstr.
Verversrui
Veemarkt
Zirkstr.
Wolstr.
Klapdorp
Mutsaertstr.
Blindestr.
Thonetlaan
SCHELDE
Wandelterras Noord
Jordaenskaai
Orteliuskaai
Tavernierkaai
Kaasrui
Blauwmoezelstr.
Suikerrui
Haarstr.
Groenpl.
Groenpl.
Melkmarkt
Eiermarkt
Handels-beurs
Lange Nieuw-
Koningin Fabiolazaal
Vlaamse Opera
Gemeentestr.
Astrid
Wandelterras Zuid
Ernest Van Dijckkaai
Plantinkaai
Reyndersstr.
Steenhouwersvest
Schoenmarkt
Meir
Meir
Opera
De Keyserlei
Diamant
Lombardenvest
Jodenstraat
Schuttershofstr.
Stadsschouwburg
Wapper
Kolveniersstr.
Augustijnenstr.
Everdijstr.
Oudaan
St.-Andries-kerk
Arenbergstraat
Frankrijklei
Quellinstr.
Lange Herentalsestr.
Hoveniersstr.
Pelikaanstr.
Lge. Riddersstr.
Kloosterstr.
Prekersstr.
Aalmoezenierstr.
Vleminckveld
Lge. Gasthuisstr.
Leopoldstr.
Oudevaartpl.
Tabakvest
Rubenslei
Paters Jezuïeten
Stadspark
Rubenslei
Quinten Matsijslei
V. Leriusstr.
J. Jacobsstr.
St.-Michielskaai
Kapucijnen Nonnen
St.-Rochusstr.
Kronenburgstr.
M. Gerardstr.
Kapucinessenstr.
Cockerillkaai
Scheldestr.
Waalsekaai
Vlaamsekaai
Verlatstr.
Museumstr.
Gr. van Egmontstr.
Marnixplaats
Vrijheidstr.
Welvaartstr.
Tolstraat
Kasteelpleinstr.
Britselei
Van Breestr.
Lange Van Eycklei
Loosplaats
A. v. Dyckstr.
Charlottalei
Verschansingstr.
Schildersstr.
De Vrierestr.
Verbondstr.
Amerikalei
Sanderusstraat
Molenstr.
Mechelsesteenweg
Hertoginstr.
Bexstraat
J. Jordaensstraat
Conscience-straat
Lamber-montplaats
Beeldhouwersstr.
Hoornestr.
Justitiestr.
Miraeusstr.
Solvynsstr.
Rudolfstraat
Gereformeerde Kerk
I. Brantstraat
Aarschot-plaats
Sint-Jozefstr.
Leemstraat
Isabellalei
Belgiëlei
Gounodstr.
Mechelen, Lier
St. Michiel
E. Banningstr.
J. v. Gerlis
J. van Beersstr.
Brederodestr.
Balansstr.
Lange
Schoonbeke
Mechelse
Belgiëlei
1
2
3
4
5
6
7
8
9
10
11
12
13
14
15
16
17
18
19
20
21
22
23
24
25
26

– 8 –

Altstadt und Hafen

1 Stadhuis
2 Onze-Lieve-Vrouwe-kathedraal
3 Vlaaikensgang
4 Museum Plantin-Moretus
5 Het Steen
6 Vleeshuis
7 Sint-Pauluskerk
8 Sint-Carolus-Borromeus-kerk
9 Rockoxhuis
10 Hessenhuis
11 Museum aan de Stroom – MAS

– 9 –

Shoppingmeilen und Zuid

12 Centraal Station
13 Zoo Antwerpen
14 Diamantenviertel
15 Stadsfeestzaal
16 Paleis op de Meir
17 Sint-Jakobskerk
18 Rubenshuis
19 Museum Mayer van den Bergh
20 Wilde Zee
21 ModeMuseum – MoMu
22 Museum vor Heden-dagse Kunst
23 FotoMuseum
24 Nieuw Justitiepaleis
25 Koninklijk Museum voor Schone Kunsten – KMSKA
26 Studio Job

Legendärer Kinderschreck: der Lange Wapper vor der Burg Het Steen

sich klar vom dunklen Kalkstein der älteren ab. Bis ins 19. Jh. wurde die Burg als Gefängnis genutzt. Vor dem Kruzifix, das über dem Eingang hängt, konnten die zum Tode Verurteilten ihr letztes Gebet sprechen. Seit dem Umzug des Schifffahrtsmuseums wird nach einer neuen Funktion für den Bau gesucht. Am Aufgang zur Burg stellt eine Skulptur den Langen Wapper dar, ein riesiger Unhold, der in der volkstümlichen Überlieferung Kinder und Trunkenbolde erschreckt. Vom Wehrgang bietet sich ein großartiger Blick über die Schelde und die alten Hafengebäude aus dem 19. Jh.

*Vleeshuis **6**

Der prächtige spätgotische Bau wurde 1504 vollendet und war damals das Markt- und Zunfthaus der Fleischergilde. Wo früher ein rauer Ton herrschte, sind heute sanfte Klänge zu vernehmen: Das Museum **Klank van de Stad** dokumentiert mit Modellen, Gemälden, historischen Partituren und Instrumenten das reiche Musikleben Antwerpens (Vleeshouwersstraat 38, Di–So 10–17 Uhr).

Sint-Pauluskerk **7**

Die spätgotische Kirche gehörte zu einem Dominikanerkloster. Den barocken Glockenturm bekam sie nach einem Brand 1679. Innen ist sie prachtvoll ausgestattet, ihr Kunstschatz umfasst 50 Gemälde, u. a. von Rubens, Van Dyck und Jordaens, sowie mehr als 200 Skulpturen. Das holzgeschnitzte Kirchenmobiliar stammt aus der Meisterhand von Pieter Verbruggen d. Ä. (Veemarkt 13, tgl. 14–17 Uhr).

Rockoxhuis **8**

Nicolaas Rockox (1560–1640), Humanist, Kunstsammler und zeitweiliger Bürgermeister von Antwerpen, war enger Freund und Gönner von Peter Paul Rubens. In seinem ehemaligen Wohnhaus, einem der schönsten Beispiele flämischer Wohnkultur des 17. Jhs., sind Möbel, Porzellan und Glas, Gobelins und Gemälde ausgestellt, u. a. von Rubens, Jordaens und Van Dyck. Zauberhaft ist auch der Innenhof mit Garten (Keizerstraat 10, Di–So 10–17 Uhr, www.rockoxhuis.be).

Sint-Carolus-Borromeuskerk 9

Von der einstigen Pracht der Barockkirche zeugt heute nur noch die Fassade, an deren Entwurf Rubens beteiligt gewesen sein soll. Aus seiner Werkstatt stammten auch die Deckengemälde, die 1718 einem Brand zum Opfer fielen. Unversehrt blieb die kleine Liebfrauenkapelle, in der eine Kopie von Rubens' »Maria Himmelfahrt« zu sehen ist. Das Original hängt im Kunsthistorischen Museum in Wien. Der Kirche ist ein kleines, nur mittwochs geöffnetes Spitzenmuseum (Kantkamer) angeschlossen (Hendrik Conscienceplein 6, Mo–Sa 10–12.30, 14–17 Uhr).

Hessenhuis 10

In dem historischen Speicherhaus von 1564 wurden einst vor allem Waren aus Deutschland und dem Osten Europas gelagert, seinen Namen verdankt das Haus dem besonders regen Handel mit Hessen. Heute gibt es in dem wunderschönen Renaissancegebäude einen Ausstellungssaal, eine Bar und ein Restaurant (Falconrui 59, Mo–Fr 11–1.30, Sa ab 17, So ab 18 Uhr, www.hessenhuis.com).

 ## **Museum aan de Stroom – MAS** 11

2011 wurde das neue Museum eingeweiht. Der an aufgestapelte Container erinnernde Bau, ein Entwurf von Neutelings Riedijk Architecten, harmoniert perfekt mit dem Standort, dem ehemaligen Hafenviertel »Eilandje«. Das Völkerkundemuseum, das Ethnografische Museum und das Schifffahrtsmuseum fanden hier eine neue Heimat. Auf über 6000 m^2 wird mit 470 000 Exponaten die Geschichte der Welt in Antwerpen und Antwerpens in der Welt erzählt. Auch im Gebäude: ein Café, ein Museumsshop und das Sterne-Restaurant »'t Zilte«. Mit der Rolltreppe kann man zum Dach hinauffahren und **den atemberaubenden Blick auf Stadt, Hafen und Schelde** genießen (Museum Di–Fr 10–17, Do bis 21, Sa, So 10–18, im Winter bis 17 Uhr, Aussichtsgalerie Di–So 9.30–24, im Winter bis 22 Uhr, www.mas.be).

Im **Diamantpaviljoen@MAS** hat das im Juni 2011 geschlossene Diamantenmuseum eine vorübergehende Bleibe gefunden. Hier erfährt man alles über Antwerpens Geschichte als Zentrum des Diamantenhandels (Hanzestedenplaats 1, Di–So 10–17 Uhr, www.diamantmuseum.be).

Nightlife

Im Schipperskwartier, dem ehemaligen Rotlichtviertel, liegt der legendäre **Club d'Anvers.** In der ehemaligen Kirche legen schon seit Ende der 1980er-Jahre internationale DJs auf (**Verversrui 15, www.cafe-d-anvers.com).**

Shoppingmeilen und Zuid

– **9** – Centraal Station › Diamantenviertel › Meir › Rubenshuis › Museum Mayer van den Bergh › MoMu › KMSKA › Museum voor Hedendagse Kunst › Nieuw Gerechtshof

Dauer/Länge: 1/2 Tag; 6 km
Praktische Hinweise: Ein »Personal Shopper« kann für eine geführte Tour durch die Antwerpener Modeszene gebucht werden – dem eigenen Budget und den eigenen Wünschen angepasst, für Einzelpersonen und Gruppen bis zu 6 Personen (www.dn-travel.be).

*Centraal Station 🄬

Spoorwegkathedraal (= Eisenbahnkathedrale) nennen die Antwerpener ihren Hauptbahnhof mit seinen großen Glasfenstern und der hohen Kuppel. Die Empfangshalle mit ihren marmornen Wänden und Stuckdecken hat etwas Erhabenes, und im noblen »Café Royal« wartet man gern ein wenig auf den Anschlusszug! All diese Strukturen stammen im Großen und Ganzen noch aus dem Jahr 1905. Weil der Kopfbahnhof für die Handelsdrehscheibe Antwerpen nicht mehr genügend Kapazität hatte, gestaltete man ihn zu einem Durchgangsbahnhof mit drei unterirdischen Geschossen um. Der alte Bahnhof wurde komplett integriert – sehr funktionell und trotzdem stimmungsvoll.

*Zoo Antwerpen 🄬

Der Antwerpener Zoo ist eine grüne Oase mitten in der Stadt. 1843 gegründet, ist er der älteste Tierpark Belgiens und steht inzwischen komplett unter Denkmalschutz. Über 5000 Tiere aus 950 Arten sind zu sehen (Koningin Astridplein 26, Mai–Sept. tgl. 10–18, Juli/Aug. 10–19 Uhr, im Herbst und Winter etwas kürzer, www.zooantwerpen.be).

Diamantenviertel 🄬

Rund um die Hoveniersstraat erstreckt sich das Diamantkwartier, in dem vier Diamantenbörsen und etwa 1500 Diamantenfirmen ihren Sitz haben. Antwerpen gilt immer noch als wichtigster Umschlagplatz für die kostbaren Steine, auch wenn sich das Geschäft zunehmend nach Dubai verlagert, weil der Diamanthandel dort steuerfrei ist. Juweliere von Weltrang wie Cartier oder Van Cleef & Arpels kaufen ihre Diamanten in dem Viertel, das auch »Jerusalem des Nordens« genannt wird, weil hier die größte Gemeinde orthodoxer Juden Nordeuropas lebt. Bis Inder sie zu verdrängen begannen, befand sich der Diamantenhandel in ihrer Hand. **Diamondland,** Antwerpens größtes Diamantengeschäft, beherbergt zugleich die größte Diamantenausstellung der Stadt: 1000 m² inklusive Diamantenwerkstatt. Hier kann man Schleifern, Fassern und Goldschmieden bei der Arbeit über die Schulter sehen (Appelmansstraat 33a, Mo–Sa 9.30–17.30 Uhr, www.diamondland.be).

Mondäne Shoppingpassage im Stadsfeestzaal, der historischen Stadthalle

Meir

Antwerpens mondänste Einkaufs-
straße ist die Meir. Hier liegt der
Stadsfeestzaal 15, die historische
Stadthalle. 2007 umfassend renoviert, beherbergt der neoklassizistische Bau nun eine luxuriöse
Shoppingpassage, **der eine große
gläserne Kuppel und vergoldeter
Stuck Grandezza verleihen.** In
40 Geschäften locken Mode, Schuhe, Wohnaccessoires und vieles
mehr Kauflustige. In der »Laurent
Perrier Champagner Bar«, die wie
ein gigantischer Champagnerkelch
über der Galerie schwebt, kann
man nach dem Kaufrausch wieder zu Kräften kommen (Meir 78,
www.stadsfeestzaal.com).

Das **Paleis op de Meir 16**, das
königliche Palais von Antwerpen,
wurde Mitte des 18. Jh. als Stadt-
palast erbaut. 1811 erwarb es Na-
poleon und gestaltete es nach seinen Vorstellungen um. Nach
seiner Vertreibung ging das Anwesen zunächst an die niederländische Krone, dann an die belgi-

schen Monarchen über, die in dem Palais ihre Gäste empfingen. 1969 schenkte König Baudouin es dem Volk. Nach umfassenden Restaurierungsarbeiten ist das Paleis op de Meir heute für die Öffentlichkeit zugänglich. Nicht nur die einzigartige Architektur, sondern auch originale Möbel und Kunstgegenstände entführen den Besucher in eine königliche Welt (Meir 50, Mo–Sa 9–17.30 Uhr).

Shopping

Der selbsternannte » Schock-o-latier« **Dominique Persoone** unterhält in den prachtvollen Räumlichkeiten des Paleis op de Meir ein Ladenlokal (**www. dominiquepersoone.be**). Im **Café Imperial** gleich gegenüber kann man in historischem Ambiente fürstlich speisen oder vorzüglichen Kuchen genießen (**www.cafe-imperial.be**).

*Sint-Jakobskerk [17]

Die reichen Bürger des Stadtviertels wünschten sich eine standesgemäße Pfarrkirche und veranlassten 1477 den Bau, der erst 1656 vollendet wurde. Er geriet nicht so gewaltig wie geplant, blendet aber im Inneren mit barocker Pracht. **Ein Blickfang ist das **Grab von Rubens** hinter dem Hauptaltar in der Liebfrauenkapelle. Der Künstler gestaltete sein Grabdenkmal selbst und schmückte es mit dem Gemälde »Maria mit dem Kind, umringt von Heiligen«. Auch andere einflussreiche Bürger Antwerpens fanden in der Kirche ihre letzte Ruhestätte (Lange Nieuwstraat 73–75, April–Okt. Mo–So 14–17 Uhr).

**Rubenshuis [18]

Der bestbezahlte Künstler seiner Zeit führte ein Leben in Luxus – das stattliche Patrizierhaus mit Atelier, in dem Rubens von 1615 bis zu seinem Tod 1640 lebte und arbeitete, zeugt vom aufwändigen Lebensstil des Malerfürsten. Griechische Gottheiten zieren den Portikus mit den drei Torbögen, die Wohnräume quellen von kostbaren Möbeln und Gemälden über – neben eigenen Werken und solchen von Schülern auch Bilder von Zeitgenossen – Rubens betätigte sich auch als Sammler. Der italienische Renaissancegarten, bewacht von der Liebesgöttin Venus, ist ein Ort zum Träumen (Wapper 9–11, Di–So 10–17 Uhr, www.rubenshuis.be).

*Museum Mayer van den Bergh [19]

Der Sammler Fritz Mayer van den Bergh (1858–1901) legte sein Augenmerk auf die flämische Kunst des Mittelalters und der Renaissance. Seine Mutter ließ nach seinem Tod das Museum im Stil des 16. Jhs. errichten. Zu sehen sind Skulpturen, Elfenbeinarbeiten und Gemälde; Glanzstücke der Sammlung sind die »Dulle Griet« und die »12 Sprichwörter« von Pieter Bruegel d. Ä. (Lange Gasthuisstraat 19, Di–So 10–17 Uhr, www.museum mayervandenbergh.be).

Wilde Zee [20]

Wilde Zee nennt sich ein Gebiet, das in jüngster Zeit zum Mekka für Shopaholics avanciert ist. Beim Stöbern in den Boutiquen

Rubens – Geschäftsmann, Diplomat, Meister der Gefühle

Welcher Stadt die Ehre seiner Geburt 1577 zuteil wird, darüber streiten seit Jahrzehnten die Wissenschaftler: Siegen, Köln oder doch Antwerpen? Fest steht, dass Vater Jan, Rechtsanwalt und Schöffe, und Mutter Maria der Antwerpener Oberschicht angehörten. Doch 1568 floh die Familie vor den Religionskriegen nach Köln ins Exil.

Rubens war zehn Jahre alt, als sein Vater starb und die Mutter mit den Kindern nach Antwerpen zurückkehrte. Als 15-Jähriger trat er seine Lehre an, 1598 wurde er in die Malergilde aufgenommen. Aber das Maß aller Dinge waren in dieser Zeit Italiens Renaissancemeister, und so reiste Rubens im Jahr 1600 in den Süden: Leuchtkraft und Ausdrucksstärke von Tizians und Tintorettos Werken hinterließen großen Eindruck und beeinflussten fortan sein künstlerisches Schaffen.

1608 kehrte Rubens ans Sterbebett seiner Mutter nach Antwerpen zurück und heiratete kurz darauf Isabella Brant. Er trat als Hofmaler in den Dienst der Erzherzöge, und Bürgermeister Nicolaas Rockox wurde sein Freund und Gönner, was ihm innerhalb kurzer Zeit großes Ansehen und viele Aufträge verschaffte. 1610 gründete Rubens seine eigene Werkstatt, die ökonomisch sehr effizient und straff organisiert war: Für Auftragsarbeiten lieferte er die Entwurfsskizzen selbst, die Ausführung überließ er talentierten Schülern. Einige davon erlangten später selbst Berühmtheit, wie Anthonis van Dyck oder Jan Bruegel der Ältere. Insgesamt entstanden über 2000 Bilder, 600 aus der Hand des Meisters.

In den folgenden Jahren trat Rubens auch als Diplomat in Erscheinung. Der 1630 zwischen Spanien und England geschlossene Waffenstillstand war nicht zuletzt sein Verdienst. König Charles I. erhob ihn zum Dank in den Adelsstand. Nach Antwerpen zurückgekehrt heiratete er, inzwischen über 50-jährig, in zweiter Ehe die 16-jährige Hélène Fourment. Sie stand Modell für viele seiner späten Werke. 1640 starb Rubens nach langem Leiden an der Gicht und wurde in der Antwerpener Sint-Jakobskerk zur letzten Ruhe getragen.

entdeckt man Mode von klassisch bis trendy, außerdem handgenähte Schuhe, Schmuck, Kosmetikartikel und Pralinen (Korte Gasthuisstraat, Lombardenvest, Wiegstraat, Groendalstraat und Schrijnwerkerstraat).

Restaurant

Das vegetarische Restaurant **Lombardia** ist in Antwerpen Kult **(Lombardenvest 78, Tel. 03 233 68 19, www.lombardia. be, Mo–Sa 8–18 Uhr, ●●).**

6 *ModeMuseum – MoMu 21

Das Modemuseum gehört zum Flanders Fashion Institute, einer Talentschmiede, in der die Mode-

designer von morgen ausgebildet werden. Inspirierende, oft in ungewöhnlichem Rahmen präsentierte Ausstellungen widmen sich geschichtlichen und aktuellen Modetrends, zum Rahmenprogramm gehören Workshops, Vorträge und Podiumsdiskussionen (Nationalestraat 28, Di–So 10 bis 18 Uhr, www.momu.be).

Museum voor Hedendagse Kunst 22

Das Museum für Gegenwartskunst befindet sich in einem ehemaligen Getreidesilo aus dem Jahr 1926: Auf 4000 m² sind Werke belgischer und internationaler Künstler von 1970 bis heute zu

Antwerpens Modeszene

Ende der 1980er-Jahre fuhren sechs Absolventen der Antwerpener Modeakademie zur Modewoche nach London. Sie waren jung, hoch motiviert und experimentierfreudig. Da das Budget eher begrenzt war, hatten die Einladungen zu ihren Schauen, fotokopierte Flyer, eher studentischen Charme, doch was sie präsentierten, war unkonventionell und wurde mit großer Euphorie aufgenommen. Über Nacht wurde belgisches Design zur Avantgarde. Heute sind Walter Van Beirendonck, Ann Demeulemeester, Dries Van Noten, Dirk Van Saene, Dirk Bikkembergs und Marina Yee Stars der internationalen Modeszene. Michelle Obama, Madonna und Jane Birkin tragen ihre Kreationen.

In den folgenden Jahren eroberte eine neue Generation belgischer Modemacher die Catwalks. Dreh-und Angelpunkt für Modeschaffende ist seit 2002 die ModeNatie in der Nationalestraat (www.modenatie.com). Im fünften Stock des Gebäudes befindet sich die legendäre Talentschmiede, die Modeakademie der Königlichen Akademie für Schöne Künste. Im Stockwerk darunter unterstützt das 1996 gegründete Flanders Fashion Institute junge Designer, es werden Ausstellungen organisiert und Hochschulabsolventen in die weite Welt der Mode vermittelt. Im Modemuseum sorgen Wechselausstellungen für jede Menge Diskussionsstoff, und die Show der Akademie begeistert jedes Jahr über 6000 Besucher. Antwerpens professionelle Strukturen und sein Ruf als Modemetropole ziehen inzwischen Talente aus der ganzen Welt an. Wer hier studiert, hat die Eintrittskarte in den Mode-Olymp bereits in der Hand.

Ehemaliger Getreidesilo: das Museum voor Hedendagse Kunst

sehen. Performances, Lesungen, Konzerte und Buchpräsentationen ergänzen das Programm. Eine fantastische Aussicht genießt man von der Terrasse des Museumscafés mit einem Wandgemälde von Keith Haring (Leuvenstraat 32, Di, Mi, Fr–So 11–18, Do 11–21 Uhr, www.muhka.be).

FotoMuseum 23

Das Museum stellt in Wechselausstellungen das Schaffen national und international bekannter Fotografen vor. Historische Kameras, Labor- und Studiogeräte dokumentieren die Entwicklung der Fototechnologie (Waalsekaai 47, Di–So 10–18 Uhr, www.fotomuseum.be).

Nieuw Justitiepaleis 24

Das vom britischen Architekten Richard Rogers entworfene neue Justizgebäude ist die Keimzelle, um die herum sich das neue In-Viertel **Zuid** entwickelt hat. Markenzeichen des Baus sind die markanten Dachelemente, die wie riesige geblähte Segel oder wie eine vom Wind aufgepeitschte Wasserfläche wirken (Simon Bolivarplaats 20).

**Koninklijk Museum voor Schone Kunsten 25

Die berühmte Sammlung umfasst flämische Kunst aus 500 Jahren, darunter Werke von Van Eyck, Memling, Rubens, Jordaens und Van Dyck. Die Moderne ist u. a. durch Ensor, Magritte, Permeke und Delvaux vertreten. Bis voraussichtlich 2017 ist das Museum allerdings geschlossen – der neoklassizistische Prunkbau wird umfassend renoviert. In der Zwischenzeit sind Teile der Sammlung an anderen Orten Antwerpens zu sehen: Meisterwerke altflämischer Malerei im Rockoxhuis und in der Liebfrauenkathedrale, ausgewählte Werke des 19. und 20. Jhs. im Königin Fabiolazaal (Jesusstraat 28). Einige der Bruegel-Gemälde sind

Die erfolgreichsten belgischen Modemacher

■ **Modepalais**
Nationalestraat 16
www.driesvannoten.be
Der Name Palais ist für die Location in einem schön renovierten Art-Nouveau-Palast nicht zu hoch gegriffen – das Reich des berühmten Dries Van Noten!

■ **Ann Demeulemeester**
Leopold de Waelplaats
www.anndemeulemeester.be
Neben ihren Flagshipstores in Tokyo, Hongkong und Seoul hat die 1958 geborene Ann Demeulemeester, Star der »Antwerpen Six«, einen Store im Stadtviertel Zuid.

■ **Natan**
Schuttershofstraat 5
www.natan.be
Der belgische Topdesigner Edouard Vermeulen hat das Hochzeitkleid von Prinzessin Mathilde entworfen.

■ **Walter**
Sint-Antoniusstraat 12
www.waltervanbeirendonck.com
Der 1957 geborene Walter van Beirendonck ist der Exzentriker der Antwerpener Modeszene. Sein futuristischer Flagshipstore ist in einem ehemaligen Parkhaus eingerichtet.

■ **Tim Van Steenbergen**
De Burburestraat 4 (Zuid)
www.hospitalantwerp.com
»Raffinierte Reinheit gepaart mit weiblicher Eleganz«, so beschreibt Tim Van Steenbergen, der Design Director des Labels Luc.Duchene, seine Kreationen. Erhältlich sind sie in der hippen Multi-Brand-Boutique »Hospital« (www.timvansteenbergen.com).

in Lier 〉 S. 90 in der Ausstellung »Bruegelland« (www.bruegelland. be) zu bewundern (Leopold De Waelplaats, aktuelle Infos unter www.kmska.be).

Studio Job 26

Wer ein wenig in Antwerpens moderne Designszene hineinschnuppern möchte, der sollte hier vorbeischauen: Job Smeets und Nynke Tynagel sind »Studio Job«, ihre Ausstellungshalle ist das Erdgeschoss einer ehemaligen Zigarrenfabrik. Neben eigenen Arbeiten des Duos, das gern mit überdimensionierten, von Comics inspirierten Formen arbeitet, werden auch Entwürfe anderer Designer vorgestellt (Begijnenvest 8, während Ausstellungen Di–Fr 14–18 Uhr oder nach Anmeldung unter Tel. 03 232 25 15, www.studiojob.be).

Infos

Antwerpen Tourismus & Kongress
Grote Markt 13–15 und
Hauptbahnhof][Tel. 03 232 01 03
www.visitantwerpen.be
Mo–Sa 9–17.45, So bis 16.45 Uhr

Aktivitäten

■ **Stadtspaziergang:** Geführte Rundgänge zu unterschiedlichen Themen (u. a. Mode, Diamanten, Rubens) organisiert die Touristeninformation.

■ **Radtour:** An etwa 80 Stationen kann man ein Stadtfahrrad auschecken und wieder zurückgeben (Pass über www.velo-antwerpen.be). Verleih auch bei **Fietshaven**, **Bahnhof Antwerpen, Eingang unter dem Astridplein, Tel. 03 203 06 73**, tgl. 9–13, 15–18.30 Uhr, 13 €/Tag, 19 €/2 Tage, 24 €/3 Tage.

■ **Vespa-Rundfahrt:** Verleih über www.bwclassics.be.

■ **Hafenrundfahrt:** Schiffe von **Flandria** starten von Juli bis Sept. tgl., Okt. und Nov. nur Fr, Sa und So zu 50-minütigen bzw. 2,5-stündigen Rundfahrten (www.flandria.nu). Abends gibt es auch Candlelightcruises vor der beleuchteten Hafenkulisse.

Unterkunft

■ **De Witte Lelie**

Keizerstraat 16][Tel. 03 226 19 66
www.dewittelelie.be
Das Boutiquehotel gehört zu den »Small Luxury Hotels of the World«. In Stadthäusern aus dem 17. Jh. sind die 11 komfortablen Suiten untergebracht. Die Einrichtung kombiniert antike Stücke und moderne Kunst. Idyllischer Innenhofgarten mit Teich. ●●●

■ **Julien**

Korte Nieuwstraat 24
Tel. 03 229 06 00
www.hotel-julien.com
Hippes Designhotel in drei historischen Gebäuden im Stadtzentrum. Die 21 Zimmer, zwei davon mit Balkon, sind in puristischem Understatement gestaltet. Spa, Wellnesscenter, Türkisches Bad. Tolles Frühstück. ●●●

■ **Radisson Blu Astrid Hotel**

Koningin Astridplein 7
Tel. 03 203 12 73
www.radissonblu.com/
astridhotel-antwerp
4-Sterne-Hotel direkt gegenüber dem Hauptbahnhof, etwa 250 luxuriös ausgestattete Zimmer, Wellness- und Fitnesscenter. Vom Frühstücksraum hat man morgens einen schönen Blick auf den Hauptbahnhof und den Astridplein. Das Haus punktet mit Topservice und großem Wohlfühlfaktor. ●●

Suite im Luxushotel De Witte Lelie

■ **B & B Boulevard Leopold**

135 Belgielei
Tel. 03 225 52 18
www.boulevard-leopold.be
Romantisches B & B mit viel Charme im Judenviertel. Die 3 Zimmer und 2 Apartments sind in einer geschmackvollen Mischung aus Alt und Neu eingerichtet, die Badewannen muten nostalgisch an. Hilfsbereite Gastgeber. ●●

■ **Matelote**

Haarstraat 11a][Tel. 03 201 88 00
www.hotel-matelote.be
Designhotel in einem Gebäude aus dem 16. Jh., nur wenige Schritte vom Grote Markt entfernt. Das freundliche Personal schafft eine angenehme Atmosphäre. ●●

■ **The Glorious Inn**

De Burburestraat 4a
Tel. 03 237 06 13
www.theglorious.be

Schickes Seafood-Bistro im In-Viertel Zurenborg: das »Dôme Sur Mer«

Das Minihotel liegt im Trendviertel Zuid. Das Dekor der 3 Fashion Suites nennen die einen romantisch, die anderen kitschig, in jedem Fall ist es extravagant und üppig. **Zum Hotel gehören ein reizendes Bistro und eine Winebar.** ●●

Restaurants

■ Het Gebaar
Leopoldstraat 24
Tel. 03 23 23710][www.hetgebaar.be
Das Reich des experimentierfreudigen Sternekochs Roger van Damme ist das idyllische alte Gärtnerhäuschen im Botanischen Garten. Lecker: der Sandkuchen an einer Soße von jungem Gouda. Reservierung empfohlen. 10–18 Uhr, So, Mo, Fei geschl. ●●●

■ Hoofstraat 24
Tel. 03 225 05 45
www.hofstraat24.be
Lokal mit drei verschiedenen Räumen, von mondän bis intim. Hervorragende Fisch- und belgische Muschelgerichte.

Mi und So geschl., abends ab 19 Uhr, Reservierung empfohlen. ●●●

■ t' Fornuis
Reyndersstraat 24
Tel. 03 233 62 70
An Pieter Bruegels »Bauernhochzeit« erinnert die Einrichtung mit den Eichenstühlen, für den Genuss sorgt Küchenchef Johan Segers. Ob Rochenflügel mit Kartoffelpüree oder Seezunge mit Rhabarber – seinen Michelin-Stern hat er verdient. Sa, So geschl. ●●●

■ De Kleine Zavel
Stoofstraat 2][**Tel. 03 231 96 91**
www.kleinezavel.be
Obwohl das Ambiente zwischen alten Bierkisten extrem leger ist, ist Carlo Diddens Küche etwas für Feinschmecker. Mo, So Mittag geschl. ●●

■ Dôme Sur Mer
Arendstraat 1][**Tel. 03 281 74 33**
www.domeweb.be
Angesagte Fisch-Brasserie, perfekt für einen leichten Lunch mit Shrimps oder frischen Austern. Sa nur abends. ●●

■ L'Épicerie du Cirque

Volkstraat 23][**Tel. 03 238 05 71**
www.lepicerieducirque.be.
Toprestaurant im Trendviertel Zuid mit
französisch-internationaler Küche und
Schwerpunkt auf Fisch und Kräutern.
Alle sechs Wochen neue Speisekarte,
gewagte Kombinationen. Reservierung
empfohlen. So, Mo geschl. ●●

■ Grand Duca

De Keyserlei 28][**Tel. 03 202 68 87**
www.granduca.be
Italienisches Restaurant, das mit belgischen Zutaten hervorragende Menüs
zaubert, auch leckere Pastagerichte.
Auf der Dachterrasse sitzt man genau
zwischen den beiden Kathedralen der
Stadt – dem Hauptbahnhof und der
Liebfrauenkirche. Sa nur abends, So
geschl. ●●

■ Hippodroom

Leopold de Waelplaats 10
Tel. 03 248 52 52
www.hippodroom.be
Die trendige Brasserie ist klassisch-
schick eingerichtet. Serviert wird französisch-belgische Küche mit saisonalen
Zutaten, mittags ein kleines Menü für
23 €. So und Sa Mittag geschl. ●●

■ Hungry Henrietta

Lombardenvest 19
Tel. 03 232 29 28
www.hungryhenrietta.be
Das Lokal in einem ehemaligen Büro-
gebäude liegt ganz in der Nähe von
Dries Van Notens Modepalais und ist
angeblich sein Lieblingslokal. Stylishes
Ambiente, tolle Terrasse, die Fischge-
richte schmecken besonders gut.
Sa, So geschl. ●●.

■ Lux

Sint-Aldegondiskaai 20
Tel. 03 233 30 30
www.luxantwerp.com

In der ehemaligen Niederlassung einer
polnischen Schifffahrtsgesellschaft haben die Räume die Atmosphäre der
Epoche bewahrt, moderne Elemente
setzen Akzente. Im Restaurant gibt es
internationale Küche, in der Bar werden leckere Cocktails serviert. In den
Sommermonaten mit Terrasse auf dem
Kai. So geschl, Sa nur abends. ●●

■ Neuze Neuze

Wijngaardstraat 19
Tel. 03 232 27 97
www.neuzeneuze.be
In fünf aneinandergebauten Hexen-
häuschen wird flämische Küche serviert. Auf der Karte steht u. a karamel-
lisierter Chicorée mit Speckwürfeln.
Mi und So geschl. ●●

Shopping

■ Einkaufsstraßen: Modeboutiquen

gibt es in der **Meir, Keyserlei** und **Nationalestraat,** Vintage und Streetwear
in der **Kammenstraat.** Antwerpens An-
tiquitätenmeile ist die **Kloosterstraat.**

■ Loft Style

Kloosterstraat 79
www.loftstyles.eu
Dieses Loft ist eine Fundgrube für un-
gewöhnliche Antiquitäten: Vintage
Sofas, Lounge Chairs, ehemalige Flug-
zeugtriebwerke, die zu Schreibtischen
oder Stühlen mutiert sind, manchmal
auch ein ausgestopfter Hai als Deko.

■ AVe

Lombardenstraat 18
www.ave-couture.com
Die erfolgreiche Stylistin Annick Van-
decappelle verkauft in ihrer kleinen
Boutique Eigenkreationen aus Vintage-
Stoffen und passende Accessoires.

■ Coccodrillo

Schuttershofstraat 9
www.coccodrillo.be

Schuhkreationen von Designern der flämischen Avantgarde, aber auch von Prada und Miu Miu.

■ Fish & Chips

Kammenstraat 36
www.fishandchips.be
Wer hier stöbert, entdeckt die neuesten Street-Fashion-Trends. Zum Shop gehören ein Hair Stylist und eine Bar, in der DJs auflegen.

■ Jutka & Riska

Nationalestraat 87
www.jutkaenriska.nl
Hochwertige Secondhandmode und Mode aufstrebender Jungdesigner, ergänzt durch ausgefallene Accessoires.

■ Labels Inc.

Almoezenierstraat 4
www.labelsinc.be
Hier kann man belgische Designermode aus nicht mehr ganz aktuellen Kollektionen zum Schnäppchenpreis erwerben.

■ Verso

Lange Gasthuisstraat 9–11
www.verso.be

Shoppingtempel mit Boutiquen internationaler Designer im Art-déco-Stil. Café im coolen Ambiente der ehemaligen Schalterhalle der Deutschen Bank.

■ Chocolatier Burie

Korte Gasthuisstraat 3
www.chocolatier-burie.be
Hans Burie fertigt aus Schokolade Kopien der Antwerpener Kathedrale oder des Rathauses an. Kleiner und praktischer als Mitbringsel: die Schokoladendiamanten.

Echt gut!

■ Del Rey

Appelmansstraat 5
www.delrey.be
Schokoladenkreationen vom Feinsten. Mit Café, in dem man schon mal probieren kann, was man sich später einpacken lässt.

Nightlife

■ Vlaamse Opera

Frankrijklei 3
Box Office Frankrijklei 1
Tel. 070 22 02 02
vlaamseopera.be

Fundgrube für trendige Streatwear: Fish & Chips

Ein prächtiger neobarocker Bau beherbergt die renommierte Bühne, auf deren Spielplan neben eigenwillig inszenierten Klassikern auch Raritäten stehen.

■ Kunstcampus de Singel

Desguinlei 25][www.desingel.be
Experimentelles Theater, Filme und Tanzprojekte, Ausstellungen zur Architektur – jede Menge spannende Events finden hier statt.

■ Zuiderpershuis

Waalsekaai 14

www.zuiderpershuis.be
Hinter der neobarocken Fassade des ehemaligen Wasserkraftwerks bietet jetzt ein Kulturzentrum ein tolles Programm mit Musik und Theater aus der ganzen Welt. Dazu gehört ein Multikulti-Restaurant. Do, Sa und So Mittag geschl.

■ Hopper

Leopold de Waelplaats 2
www.cafehopper.be
Angesagtes Jazzlokal mit vielen Live-acts im Ausgehviertel Zuid.

■ De Vagant

Reyndersstraat 25
www.devagant.be
In dem Traditionslokal kann man über 200 Sorten Genever kosten.

■ Sips

Gillisplaats 8
Der einstige Bartender der »Queen Elizabeth II.« zaubert hier 3000 verschiedene Cocktails, darunter einen Drink auf der Basis von Bourbon, der 14 Tage lang mit Pancetta aromatisiert und anschließend mit Karamell, Koriander und Zitronenschale gewürzt wird.

■ Petrol Club

D'Herbouvillekaai 25
www.petrolclub.be
Angesagter Club in Trendviertel Zuid mit Livemusik, Themenabenden und Auftritten namhafter DJs.

Beim Chocolatier Burie bekommt man auch »Antwerpse Handjes«

Ausflüge in die Umgebung

 ****Mechelen
Grote Markt**

Das ca. 25 km südlich von Antwerpen gelegene Mechelen wurde zu Beginn des 16. Jhs. Hauptstadt der spanischen Niederlande und 1559 Bischofssitz, was der Stadt prachtvolle Kirchen und Paläste bescherte. Ihre »gute Stube« ist der ****Grote Markt,** der vom Turm der ***Sint-Romboutskathedraal** beherrscht wird. Er blieb nach 300-jähriger Bauzeit unvollendet, mit 97 m (statt der ursprünglich geplanten 167 m) Höhe ist er dennoch gewaltig. Wer die Mühe des Aufstiegs auf sich nimmt, wird mit einer herrlichen Aussicht über die Stadt und das weite Umland belohnt. Im Inneren des Turms befinden sich zwei Glockenspiele mit jeweils 49 Glocken. Einem **Glockenspielkonzert auf dem Grote Markt** beizuwohnen ist ein Erlebnis! (Glockenspiel zu jeder vollen Stunde, Glockenspielkonzerte Sa 11.30, So 15 Uhr). Im Kirchenschiff beeindrucken der 18 m hohe Hauptaltar aus weißem Marmor, ein Werk des Mechelner Bildhauers Lucas Faydherbe, und Van Dycks »Christus am Kreuz« im südlichen Querschiff (Di–So 10–18 Uhr, Einlass bis 16.20 Uhr).

Prachtvolle Patrizierhäuser säumen den Marktplatz. Das **Stadhuis** besteht aus zwei Gebäuden, der Tuchhalle aus dem 14. Jh. und dem erst im 20. Jh. fertiggestellten Sitz des Großen Rates. Das **Schepenhuis** von 1288 ist das älteste Gebäude der Stadt, zurzeit werden hier Werke des Künstlers Rik Wouters (1882–1916) ausgestellt (Di–So 10–17 Uhr). Auf dem Platz ehrt ein Denkmal Margarete von Österreich, die von 1507 bis 1530 als Statthalterin der Habsburgischen Niederlande fungierte und Mechelen im 16. Jh. zur Residenzstadt ausbaute.

Nördliche Innenstadt

Mechelen ist ein Zentrum der Glockenspielkunst, die lange vom Meister an den Sohn weitergegeben wurde, bis Jef Denyn 1922 die weltweit erste **Glockenspielschule** gründete. An dem renommierten Institut studieren momentan 60 junge Musiker aus aller Herren Länder. Zu Übungszwecken wird u. a. das Glockenspiel im Turm des ***Hofes van Busleyden** genutzt, dem ehemaligen Wohnsitz eines einflussreichen Humanisten und Ratsmitgliedes. Der repräsentative Backsteinbau beherbergt das Stadtmuseum, das allerdings bis 2015 wegen Renovierung geschlossen bleibt.

Marktplatz von Mechelen mit dem unvollendeten Sint-Romboutsturm

In der Keizerstraat (Nr. 20) steht der ***Palast der Margarete von Österreich,** Anfang des 16. Jhs. als erster Renaissancebau der alten Niederlande errichtet. In dem Gebäude tagt heute das Amtsgericht, der zauberhafte Innenhof ist zu besichtigen.

Größter Schatz der gotischen **Sint-Janskerk** ist Peter Paul Rubens' Triptychon »Anbetung der drei Weisen«, bei dem seine Frau Isabella Brant Modell für die Maria saß. Kanzel und Chorgestühl sind Meisterwerke der Mechelner Holzschnitzkunst (Minderbroedersgang 5, Di–So 13–17 Uhr).

Weltberühmt ist die ***Wandteppichmanufaktur De Wit**. Hier restaurieren Experten für eine internationale Kundschaft antike Gobelins, im angeschlossenen Museum ist eine großartige Sammlung alter und moderner Wandteppiche zu sehen (Schoutetstraat 7, Führungen Sa 10.30 Uhr, www.dewit.be). Hinter der Manufaktur liegt Mechelens *****Beginenhof** mit malerischen Häuschen und barocker Kirche.

Südliche Innenstadt

Südlich der von schönen historischen Häusern gesäumten Dijle steht die Kirche **Onze Lieve Vrouw over de Dijle,** gestiftet von der Fischergilde, die auch Rubens' Triptychon »Der wunderbare Fischzug« in Auftrag gab (Di–So 13.30–16.30, April–Okt bis 17.30 Uhr). Das wuchtige **Brusselpoort** ist das einzige erhaltene Tor der mittelalterlichen Stadtbefestigung und markiert

Glockenspiel im Hof van Busleyden

das Südende der Innenstadt. Es diente als Vorbild für das Lübecker Holstentor.

Toerisme Mechelen
Hallestraat 2–6][Tel. 070 22 00 08
www.toerismemechelen.be
Stadtführungen April–Okt. Sa, So, Fei 14 Uhr, in den Sommer- und Osterferien tgl. 14 Uhr

D'Hoogh
Grote Markt 19
www.dhoogh-restaurant.be
Traditionelles Restaurant mit belgisch-französischer Küche, die vorwiegend frische regionale Zutaten der Saison verwendet. Das Restaurant hat einen Michelin-Stern (3-Gänge-Menü mittags 60 €). Seine Lage am Grote Markt ist spektakulär! ●●●

Echt gut!

*Lier

Am Zusammenfluss von Großer und Kleiner Nete liegt 20 km südöstlich von Antwerpen das malerische Lier, vom dort gebürtigen Schriftsteller Felix Timmermanns als »hübscheste Stadt Belgiens« beschrieben. Gut erhalten ist die historische Bebauung des **Grote Markt:** das gotische **Vleeshuis,** das **Stadthuis** im Stil des Rokoko und der **Belfried** als Rest der mittelalterlichen Tuchhalle.

In der Cauwenberghstraat Nr. 14 zeigt das **Städtische Museum Wuyts-Van Campen & Baron Caroly** vor allem Werke flämischer, aber auch französischer Künstler, u. a. ein Familienporträt von Frans Floris, eine Ölskizze von Rubens und ein Werk des Kunstmalers Raymond de la Haye aus Lier. Bis 2017 ist hier zudem die Ausstellung »Bruegelland« zu sehen, die einen Bogen von den Bruegel-Söhnen zum flämischen Expressionismus des 20. Jhs. spannt (Di–So 10–12, 13–17 Uhr).

Liers Wahrzeichen, der ****Zimmertoren,** ist das Lebenswerk des Astronomen und Uhrmachers Louis Zimmer (1888–1970). Oben am Turm, im 14. Jh. als Teil der Stadtbefestigung errichtet, tickt die Jubiläumsuhr mit 13 Zifferblättern. Punkt 12 Uhr öffnet sich ein Fensterladen, und bekannte Persönlichkeiten der städtischen und nationalen Geschichte ziehen vorbei. Im Turm und im angrenzenden Pavillon wurde 1930 ein kleines Museum eingerichtet. Zu sehen sind Zimmers astronomisches Studio und eine Uhr mit 93 Zifferblättern, die auf den Weltausstellungen in Brüssel (1935) und New York (1939) großes Aufsehen erregte (Zimmerplein 18, Di–So 9–12 und 13.30–17.30 Uhr, www.zimmertoren.be).

Meisterwerk der Mechanik: die Jubiläumsuhr am Zimmertoren

Eine Welt für sich – der Beginenhof von Lier

Schönster Ort in Lier ist der **Beginenhof, 1258 als ältester Flanderns gegründet und im 14. Jh. zu seiner heutigen Größe ausgebaut, mit Bethaus, Hospiz und drei Konventen. 162 kleine Häuser verteilen sich auf elf enge Sträßchen – sie fungieren heute als Sozialwohnungen, werden aber auch privat vermietet. Besonders am späten Nachmittag beeindrucken Farben und Stimmung. Ein märchenhaftes Licht umspielt dann das Ensemble (Eingänge Beginhofstraat, Schapenkoppenstraat und Stadsvest).

Über die Nete geht es zum **Museum Timmermans-Opsomer,** das sich dem Leben und Werk lokaler Künstler widmet, darunter auch Felix Timmermans (Netelaan 4, Di–So 10–12, 13–17 Uhr). In der **Sint-Gummaruskerk,** einem Hauptwerk der Brabanter Spätgotik, gaben sich 1496 Philipp der Schöne und Johanna die Wahnsinnige das Ja-Wort. Drei der herrlichen spätgotischen Buntglasfenster wurden zwischen 1516 und 1519 von Kaiser Maximilian gestiftet (tgl. 10–12, 14–17 Uhr, www.sintgummaruskerktelier.be).

Infos

Toerisme Lier
Grote Markt 57][**Tel. 03 800 05 55**
www.toerismelier.be

Restaurant

Numerus Clausus
Keldermansstraat 2
Tel. 03 480 51 62
www.numerusclausus.be
Das Restaurant mit romantischem Ambiente liegt neben der Sint-Gummaruskerk und ist bekannt für seine kreativen Variationen klassisch-belgischer Küche. Mo, So, Sa Mittag geschl. ●●

Tour in der Provinz Antwerpen

Klostertour im Kempenland

 Antwerpen › Abdij Tongerlo › Abdij Averbode › Abdij Postel › Antwerpen

Dauer/Länge: 1–2 Tage; 180 km
Praktische Hinweise: Diese Tour unternimmt man am besten mit dem eigenen Pkw. Sie ist ab Tongerlo mit blau-weißen Schildern markiert.

Die Tour durch das Kempenland führt zu Orten der Stille, durch malerische Landschaften, Kiefernwälder und Heidelandschaften. Die Römer tauften die Gegend an der Maas »Campina« (Felder), daher der heutige flämische Name »De Kempen«. Weil die Bauern auf den Sandböden keine guten Ernten einfahren konnten, siedelten nur wenige Menschen hier. Entlang des Wegs gibt es jedoch nicht nur Natur, sondern auch jahrhundertealte Abteien. Hier locken himmlische Genüsse zur Einkehr: kräftiger Käse und würziges Bier.

In **Tongerlo › S. 92** überrascht eine Kopie des » Letzten Abendmahls « von einem Schüler Leonardos; als Begegnungsstätte mit vielfältigem Angebot hat sich das zauberhaft gelegene **Averbode › S. 94** etabliert. **Postel › S. 94** beeindruckt als von mächtigen Wallanlagen umgebenes Ensemble.

Unterwegs in der Provinz

*Abdij Tongerlo 27

Eine imposante Lindenallee führt zu der 1130 gegründeten Abtei. Durch einen spätromanisch-gotischen Torbau gelangt man in den schönen Innenhof. Rechter Hand liegt das Abtshaus aus dem Jahr 1724, auf der Nordseite die Bibliothek, das Begegnungshaus und die Abteikirche aus dem 19. Jh. Im idyllischen Garten zeugen alte Grabsteine von der weit in die Vergangenheit zurückreichenden Abteigeschichte. Mit einer kleinen Sensation wartet das Museum auf: einer Replik von Leonardo da Vincis »Letztem Abendmahl«. Als ihr Schöpfer gilt Andrea Solario, einer der begabtesten Schüler des Meisters (Abtei tgl. 8–17 Uhr, Museum Mai–Sept. Mo–Fr und So 14–17 Uhr, Okt. nur So).

Die Norbertinerbrüder von Tongerlo haben ihren eigenen Landwirtschaftsbetrieb außerhalb der Klostermauern. Die Abtei lieferte auch die Rezeptur für das gleich-

Norbertinerabtei Tongerlo

namige Bier, das inzwischen aber in Lizenz gebraut wird. Tongerlo-Bier, Käse und Brot kann man im Laden »Oude Hoeve« kaufen (Mo bis Fr 10.30–17, Sa 10.30–16 Uhr).

Infos

Toerisme Westerlo
Boerenkrijglaan 25][Tel. 014 54 54 28
www.toerismewesterlo.be

Unterkunft

Zur Abtei gehört ein **Gästekomplex:** Einzelpersonen und kleine Gruppen, die sich dem Klosterleben anpassen, sind willkommen. Die Unterbringung erfolgt in einfachen Zwei- oder Mehrbettzimmern ohne eigenes Bad, ein Gästepater gibt einen Einblick in die Eigengesetzlichkeit und Spiritualität des Klosters (**www.tongerlo.org**). ●

🔟 **Klostertour im Kempenland** **Abdij Tongerlo** ❯ **Abdij Averbode** ❯ **Abdij Postel**

*Abdij Averbode 28

Dichter Wald und offene Felder im Wechsel – reizvoll ist bereits die Anfahrt zu der Norbertinerabtei aus dem 12. Jh., die manche als schönste Flanderns bezeichnen. Ältester erhaltener Teil ist das gotische **Torhaus.** Aus dem Barock stammt die **Klosterkirche** mit ihrem schönen geschnitzten Chorgestühl. Sie kann besichtigt werden, ebenso wie die **Bibliothek** im ehemaligen Kutschenhaus. Die Mönche veranstalten Orgelkonzerte und diverse Kurse, bei denen man z. B. in die Ikonenmalerei oder die Zen-Meditation eingeführt wird (Kirche 7.30–11.30, So, Fei 7.30 bis 10.30, 13.30–17.45 Uhr, Bücherei Mo–Fr 10–12, 13–17.30, Sa, So 10–17.30 Uhr, geführte Touren durch das Kloster von Ostern bis Allerheiligen So 15 Uhr).

Abdij Postel 29

Ganz in der Nähe des Städtchens Mol befindet sich die Abtei Postel. Wer frühmorgens hier ankommt, erlebt ein fast mystisches Szenario: Himmlische Stille, nur jeden zweiten Sonntag hallen gregorianische Gesänge durch die Abteikirche.

Die Abtei wurde als Agrarkolonie 1135 gegründet. Ihre aus Tuffstein erbaute Abteikirche ist trotz späterer Umbauten noch als romanisches Gotteshaus erkennbar. Ringmauer und Wallanlagen aus dem frühen 13. Jh. umschließen das gesamte Klostergelände. Nach ihrer Schließung durch die französischen Besatzer ging die Abtei 1797 in Privatbesitz über; im frühen 20. Jh. wurde das Klostergebäude umfangreich restauriert. In den 1950er-Jahren kamen noch eine Bibliothek und ein Museumssaal dazu – und ein Gasthaus.

Bereits im frühen 17. Jh. wurde die Brauerei in Betrieb genommen, die bis in die 1940er-Jahre das berühmte Postel-Abteibier produzierte. Es wird heute unter Lizenz in Opwijk gebraut, kann im Klosterladen aber erworben werden. Gleiches gilt für **den Käse, den die Norbertiner aus Postel seit 1947 herstellen.** Neun Sorten sind im Angebot, alle hergestellt aus der Milch der in der Umgebung grasenden Kühe. Zum Sortiment des Shops gehören auch selbstgebackenes Brot und Heilkräuter aus dem Abteigarten (Mo–Fr 10–12, 14–18, Sa, So 10–18 Uhr, Sept.–Juni Mi geschl., www.abdijpostel.be).

Echt gut

Restaurants

■ **Priorij Corsendonk**
Corsendonk 5][**2360 Oud-Turnhout**
Tel. 014 46 28 00
www.corsendonk.be
Hotelrestaurant in einem ehemaligen Augustinerkloster, in dem Serge Driessen belgische Spitzenküche serviert. ●●

■ **Gasthof de Beiaard**
Abdijlaan 28][**Tel. 014 37 73 50**
www.gasthofdebeiaard.be.
Falls man das Postelbier lieber in weltlicher Umgebung genießen möchte – der Gasthof hat eine schöne Terrasse. ●

Eine Grachtenfahrt gehört in Brügge zum touristischen Pflichtprogramm

Brügge und Westflandern

Nicht verpassen!

- Bei einer Grachtenfahrt Brügge von seiner romantischsten Seite erleben
- Im Beginenhof Ten Wijngaarde die himmlische Ruhe genießen
- Die Meisterwerke altflämischer Kunst im Groeningemuseum bestaunen
- Am Kanal entlang durch idyllische Polderlandschaft nach Damme radeln
- Bei De Panne durch eine der schönsten Dünenlandschaften der Nordsee wandern

Zur Orientierung

Um 1200 war Brügge eine der wichtigsten Handelsmetropolen Europas, in den Stapelhäusern lagerten Pelze aus Nowgorod, Kunst aus Italien, Spitze aus Flandern. Hochwertiges Tuch wurde in Brügge produziert, in ganz Europa vertrieben und bescherte der Stadt unermesslichen Reichtum. Um 1350 zählte die Stadt bereits etwa 45 000 Einwohner, doch die Verlandung des Zugangs zum Meer und die religiösen Wirren im 16. Jh. katapultierten Brügge in die Bedeutungslosigkeit. Viele Kaufleute siedelten nach Antwerpen um, den einstigen Wohlstand mit sich nehmend. Katastrophe und Glücksfall zugleich: Das geschlossene mittelalterliche Stadtbild blieb so bis heute fast unverändert erhalten. Seit dem Jahr 2000 gehört Brügges historische Altstadt zum UNESCO-Weltkulturerbe, und jährlich bewundern Tausende Besucher die reichen Kulturschätze: das prächtige architektonische Ensemble am Burgplatz, die Meisterwerke altflämischer Malerei im Groeningemuseum, die weltberühmte »Madonna mit Kind« von Michelangelo in der Liebfrauenkirche.

Die schönen alten Backsteinhäuser an den Grachten verleihen Brügge bis heute seinen Charme. Und wenn sich im Sommer auch Touristenströme durch die Gassen schieben – auf einer Bootsfahrt durch das »Venedig des Nordens« überraschen versteckte Gärten und malerische Brücken, die jede Menge romantische Momente bescheren!

Stilecht im Topf serviert: der belgische Klassiker Moules-Frites

Auch Liebhaber von Leckereien kommen voll auf ihre Kosten. Von den knapp 50 Pralinengeschäften verdient eigentlich jedes einzelne, durch eine Kostprobe gewürdigt zu werden, und zum Dinner locken über 100 Top-Restaurants, ganze zwölf Michelin-Sterne hat Brügge 2012 eingeheimst. Wer es lieber bodenständig mag, genießt zu klassischen Moules-Frites (Muscheln mit Pommes) ein goldblondes »Brugse Zot« aus der lokalen Traditionsbrauerei. Abends lohnt es sich, das Programm des neuen Konzertgebäudes unter die Lupe zu nehmen, junge Künstler und Interpreten internationalen Ranges haben dort ihren Auftritt.

Vor den Toren der Stadt verzaubert das flache Polderland: Ausflüge führen nach Damme, der malerischen Till-Eulenspiegel-Stadt, und zum »weißen Dorf« Lissewege.

Und nur 12 km von Brügge entfernt riecht es schon nach Meer! An der Nordseeküste lockt das mondäne Oostende mit Kunst und Krevetten, De Haan mit nostalgischem Belle-Époque-Flair. In Blankenberge kann man frische Austern kosten, in De Panne den Strandseglern zusehen.

Noch mehr gibt es im Landesinneren zu entdecken: In Kortrijk, Ieper und Veurne zeugen prächtige Marktplätze mit reich verzierten Rathäusern und Tuchhallen vom Wohlstand und Bürgerstolz des mittelalterlichen Flandern. Idyllisch mitten in Hopfenfeldern liegt Poperinge, wo sich seit dem 14. Jh. alles ums Bier dreht …

Tour durch ***Brügge

Rundgang durch die Altstadt

– ⑪ – **Grote Markt › Burg › Groenerei › Rozenhoedkai › Groeningemuseum › Liebfrauenkirche › Sint-Salvatorskathedraal › Sint-Jansspitaal Beginenhof › Minnewater**

Dauer/Länge: 5 km, 1/2 Tag
Praktische Hinweise: Das historische Zentrum erkundet man am besten zu Fuß, aber eine Grachtenfahrt sollte auf jeden Fall auf dem Programm stehen › S. 104. Die städtischen Museen haben einen gemeinsamen Internetauftritt (www.musea brugge.be), die meisten sind montags geschlossen. Wer das Museumsangebot ausgiebig nutzen möchte, der profitiert von der Brügge City Card (freier Eintritt in 26 Museen, Gratis-Grachtenrundfahrt, Ermäßigungen bei Fahrten mit öffentlichen Verkehrsmitteln, 48 Std. 35 €, 72 Std. 40 €, www.bruggecitycard.be).

Grote Markt 1

Brügges zentraler Treffpunkt ist der Marktplatz mit seinen vielen Cafés und Restaurants. Hier steht auch das Wahrzeichen der Stadt, der 83 m hohe **Belfried.** Er krönt die **Lakenhalle,** das einstige Handelszentrum der in der Region hergestellten Tuche (13.–15 Jh.). Der steinerne Turm diente der Stadt zunächst als Verwaltungssitz, bevor dieser an die Burg verlegt wurde. Im 15. Jh. wurden die Hallen vergrößert, und der Turm bekam ein achteckiges Obergeschoss aus weißem Kalkstein. Zum berühmten Uhrwerk führen 366 Stufen hinauf. <mark>Von oben ist die Aussicht über die Stadt fantastisch,</mark> an schönen Tagen blickt man bis zur Nordsee (Di–So 9.30–17 Uhr). Zu jeder halben Stunde erklingt das Glockenspiel; Samstag- und Sonntagnachmittag kann man von einem der Cafés am Marktplatz aus Glockenspielkonzerten lauschen.

Echt gut!

Ende 2012 eröffnete am Markt das **Historium,** ein neues Erlebniscenter, das eine virtuelle Reise in Brügges goldenes Zeitalter ermöglicht: Kulissen, Filme und Spezialeffekte versetzen ins Atelier Jan van Eycks, in ein öffentliches Badehaus oder an den von geschäftigem Treiben erfüllten Hafen (www.historium.be).

Burg 2

An Brügges prächtigstem Platz stand einst die erste gräfliche Burg, die zur Verteidigung der flämischen Küste errichtet wurde. Rund um diesen militärischen Kern ent-

stand eine Siedlung, die sich zu einer der bedeutendsten Handelsstädte des Mittelalters entwickeln sollte. Die heutige Bebauung spiegelt 1000 Jahre Architekturgeschichte wider. Prachtstück ist das gotische ***Stadhuis** (1376–1420), eines der ältesten der Niederlande, das als Vorbild für die Rathäuser in Leuven und Brüssel diente. Statuen aller flandrischen Grafen zieren die filigrane Fassade. Den Ratssaal im ersten Stock schmücken eine prachtvollen Eichendecke (1402) und Wandgemälde mit Szenen aus der Stadtgeschichte (tgl. 9.30–17 Uhr).

Links vom Rathaus fällt die schmucke Renaissancefassade der alten ***Zivilkanzlei** (1535–1537) ins Auge. Über dem Giebel wacht eine vergoldete Statue der Justitia.

Vom **Brügger Freiamt (Brugse Vrije)** aus wurde das Brügger Land regiert. Der Bau enstand in zwei Phasen 1520–25 und 1722–27. Bis in die 1980er-Jahre war das Gebäude Sitz des Gerichts, heute hat das Stadtarchiv hier seinen Platz gefunden. Im ehemaligen Schöffensaal ist ein monumentaler Prunkkamin aus schwarzem Marmor, Alabaster und Eiche zu bewundern, der ab 1529 nach Entwürfen des Malers Lanceloot Blondeel ausgeführt wurde und eine Huldigung an Kaiser Karl V. darstellt (tgl. 9.30–12, 13.30–17 Uhr, Tickets bis 16.30 Uhr).

Die ****Heiligblutbasilika** rechts des Rathauses besteht aus der romanischen Unterkirche, der St.-Basilius-Kapelle (1139–1149) und der gotischen Oberkirche,

Brügges Marktplatz wird vom 83 m hohen Belfried dominiert

der eigentlichen Heiligblutkapelle. Sie wurde 1790 von französischen Truppen zerstört und im 19. Jh. im Stil der Neogotik wiederaufgebaut. In der Basilika wird die Reliquie des Heiligen Bluts aufbewahrt, die jeden Freitag den Gläubigen präsentiert und einmal im Jahr an Christi Himmelfahrt in feierlicher Prozession durch die Stadt getragen wird (April–Mitte Okt. tgl. 9.30–12, 14–17, Mitte Okt.–März ab 10 Uhr, www.holy blood.com).

Groenerei

Reien heißen die Brügger Kanäle, benannt nach dem Fluss Reie, der einst um die Festung geleitet wurde, später um die Stadt. Über die Meebrug, eine der ältesten Brücken der Stadt, gelangt man zur Groenerei, einem idyllischen Weg am Wasser entlang – hier scheint die Zeit stillzustehen. Das Brügger Stiftungshaus **De Pelikaan** 3 am

Ende der Groenerei zählt zu den schönsten seiner Art (50 insgesamt gibt es in der Stadt). Die auch *godshuizen* genannten Stiftungshäuser waren eine Vorform des sozialen Wohnungsbaus, finanziert von den Gilden, die alten und bedürftigen Mitgliedern eine angemessene Bleibe bieten wollten. Auch heute noch wohnen ältere Menschen in den toprenovierten Wohnanlagen, die nun Eigentum der Stadt sind und mit ihren liebevoll gepflegten Gärten Oasen der Ruhe darstellen.

Vismarkt 4

An den steinernen Tischen des Fischmarkts wird dienstags bis samstags vormittags noch immer frischer Fisch verkauft, an den anderen Tagen findet ein Flohmarkt statt. Die klassizistische Säulenhalle wurde 1821 vom Brügger Baumeister Jan-Robert Calloigne entworfen.

Rozenhoedkai 5

Am Rozenhoedkaai wurden im Mittelalter Rosenkränze verkauft, daher der Name, heute kommen die meisten des berühmten Panoramablicks wegen: auf die Gracht, die Hinterseite der Heiligblutbasilika, das Rathaus und den majestätischen Belfried. Die am häufigsten fotografierte Stadtansicht verdient es, mit Andacht gewürdigt zu werden.

Restaurant

Den Dyver

Dijver 5][Tel. 050 33 60 69
www.dyver.be

Das 2012 vom Gault Millau ausgezeichnete Restaurant serviert Kreationen, bei denen Bier immer wieder die Hauptrolle spielt. Günstigere Mittagsmenüs. Mi, Do geschl. ●●

Groeningemuseum 6

Das monumentale Eingangstor des in den Jahren 2002/2003 umfassend renovierten Museums verspricht hochkarätige Kunst:

Sakrale Kunst des Spätmittelalters im Groeningemuseum

Die bedeutende Sammlung altniederländischer Meister und sogenannter flämischer Primitiver umfasst **einige der berühmtesten Gemälde der Welt.** »Die Madonna des Kanonikers van der Paele« und das »Bildnis der Margareta van Eyck« zeigen Jan van Eyck (um 1390–1441) auf der Höhe seiner Kunst. Mit dem »Triptychon von Willem Moreel« schuf Hans Memling (1430–1495), der seit 1465 in Brügge arbeitete, eines der ersten Familienporträts überhaupt. Memlings Schüler Gerard David (1460–1523) ist mit dem »Urteil des Cambyses« vertreten, einer Szene von grausiger Detailtreue, bei der einem korrupten Richter zur Strafe bei lebendigem Leibe die Haut abgezogen wird. Die Sammlung moderner belgischer Kunst umfasst Werke des Surrealismus von Delvaux und Magritte (Di–So 9.30-17 Uhr, www. vlaamsekunstcollectie.be).

Arentshuis 7

Im Obergeschoss des repräsentativen Herrenhauses aus dem 18. Jh. sind Werke des in Brügge geborenen englischen Künstlers Frank Brangwyn (1867–1956) ausgestellt. Brangwyn war Architekt und Maler, entwarf aber auch Glasarbeiten, Möbel und Schmuck. Im Erdgeschoss werden Wechselausstellungen bildender Kunst gezeigt (Di–So 9.30–17 Uhr).

*Gruuthusemuseum 8

In dem Palast aus dem 15. Jh. lebten die »Heren van Gruuthuse«, keine Adeligen, sondern

Echt gut

wohlhabende Kaufleute mit dem Alleinrecht auf den Handel mit »Grut«. Grut war eine Kräutermischung, die lange vor dem Hopfen beim Bierbrauen als Würze diente. Heute ist der Palast als Museum zu besichtigen: Mobiliar, Wandteppiche, Spitze, Waffen, Keramik und Silberarbeiten geben einen Eindruck von der Alltagskultur des gehobenen Bürgertums (Dijver 17, Di–So 9.30–17 Uhr).

8 **Onze-Lieve-Vrouwekerk** **9**

112 m hoch ragt der Turm der Liebfrauenkirche empor. Um 1210 begannen die Arbeiten an dem Bau, der im 14. und 15. Jh. durch zusätzliche Seitenschiffe und Kapellen erweitert wurde. Die Kirche besitzt wertvolle Kunstschätze: Prunkstück ist die weltberühmte »Madonna mit Kind« von Michelangelo. Ursprünglich für den Hochaltar des Doms von Siena

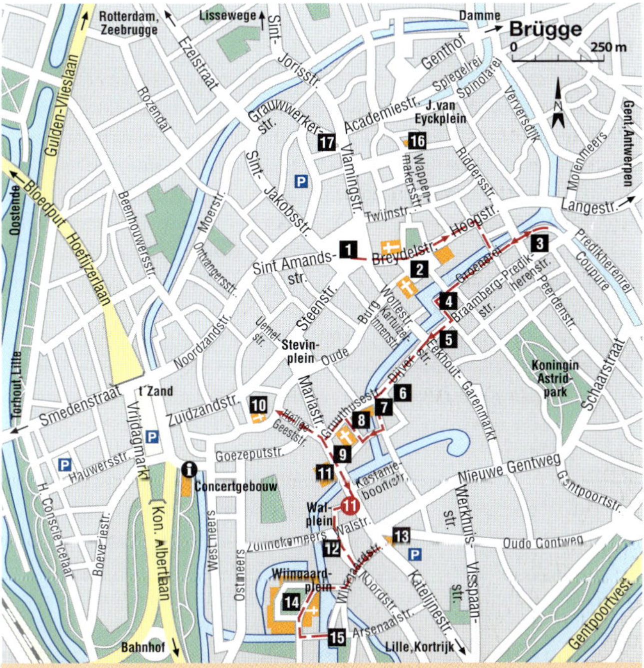

Brügge 0 250 m

– **11** –

Durch die Altstadt

1 Grote Markt	**6** Groeningemuseum	**12** Brauerei De Halve
2 Burg	**7** Arentshuis	Maan
3 De Pelikaan	**8** Gruuthusemuseum	**13** Diamantenmuseum
4 Vismarkt	**9** Onze-Lieve-Vrouwekerk	**14** Beginenhof
5 Rozenhoedkaai	**10** Sint-Salvatorskathedraal	**15** Minnewater
	11 Memlingmuseum im	**16** Choco Story
	Sint-Jansspitaal	**17** Frietmuseum

Der Beginenhof Ten Wijngaarde ist wohl der romantischste Flanderns

geschaffen, konnten zwei Brügger Kaufleute die lebensgroße Statue aus Carrara-Marmor vom Künstler erwerben und machten sie dem Gotteshaus zum Geschenk. Im Chor halten zwei prächtige Grabmäler das Andenken an Maria von Burgund und Karl den Kühnen wach (Mo–Sa 9.30–12.30, 13.30 bis 17, So, Fei 13.30–17 Uhr).

Sint-Salvators-kathedraal 🔟

Die Bauarbeiten an Brügges ältester Pfarrkirche begannen im 13. Jh., zogen sich dann aber über mehrere Jahrhunderte hin. Innen beeindruckt die barocke Orgelempore mit einer Gottvater-Skulptur von Artus Quellin (1682), über dem prächtigen Chorgestühl prangen die Wappen der Ritter vom Goldenen Vlies. Von unschätzbarem Wert sind die Gobe-

lins aus dem 18. Jh. In der Schatzkammer sind neben liturgischen Geräten und Gewändern Werke flämischer Meister wie Dirk Bouts und Hugo van der Goes zu sehen (Kathedrale tgl. 10–13, Sa 10–15.30, So 11.30–12 Uhr, Winter Di–Do und Sa 14–17 Uhr, Schatzkammer So–Fr 14–17 Uhr).

**Memlingmuseum im Sint-Jansspitaal 🔟

Im Sint-Jansspitaal, das auf eine über 800-jährige Geschichte zurückblickt, versorgten Nonnen Pilger, Reisende und Kranke. Die Krankensäle aus dem Mittelalter und die Kirche beherbergen eine imposante Sammlung von medizingeschichtlichen Exponaten. Gut erhalten ist auch die historische Apotheke (17. Jh.). Publikumsmagnet sind jedoch sechs Hauptwerke von Hans Memling, darunter der berühmte Ursula-schrein und die »Mystische Ver-mählung der Hl. Katharina« (Ma-riastraat 38, Di–So 9.30–17 Uhr).

Brauerei De Halve Maan 12

Echt gut!

Die einzige Hausbrauerei im Zen-trum der Stadt ist immer noch in Familienbesitz. Nach den 45-mi-nütigen Führungen (auch in deut-scher Sprache) gibt es etwas Def-tiges: Bier- oder Zwiebelsuppe. Natürlich zum Hausbier, dem obergärigen »Brugse Zot« (Wal-plein 26, Führungen im Sommer stündlich Mo–Fr und So 11–16, Sa 11–17, Nov.–März Mo–Fr bis 15, Sa bis 17, So bis 16 Uhr, www.halvemaan.be).

Diamantenmuseum 13

Das private Museum illustriert Brügges Geschichte als ältestes europäisches Diamantenzentrum. Anschaulich präsentiert werden auch der Abbau und die Verarbei-tung der kostbaren Steine in heu-tiger Zeit. Täglich um 12.15 und 15.15 Uhr kann man einem Dia-mantenschleifer bei der Arbeit über die Schulter sehen (Katelijne-straat 43, tgl. 10.30–17.30 Uhr, www.diamondmuseum.be).

9 **Beginenhof Ten Wijngaarde 14

Weiß gekalkte Häuschen und eine Kirche rund um einen großen In-nenhof, in dem sich bei Sonnen-schein das Licht in den Bäumen bricht; im April blühen auf der Wiese Osterglocken, und zu jeder Zeit ist die Ruhe einfach himm-lisch: Der Beginenhof Ten Wijn-gaarde (»Zum Weingarten«) ist wohl der romantischste Flanderns. Beginen, die den Hof im Jahr 1245 gründeten, leben heute nicht mehr hier, dafür Benediktinerin-nen. Auf Anfrage kann man zu Meditationszwecken hier zu Gast sein. Eines der Häuschen ist zum Museum umgebaut, in dem man einen Eindruck davon bekommt, wie die Beginen früher lebten (Mo–Sa 10–12, 13.45–17, So 10.45 bis 12, 13.45–17 Uhr).

*Minnewater 15

Einst war das Minnewater ge-schäftige Anlegestelle für Treck-schuten, die wichtigsten Trans-portmittel von und nach Gent.

Kulinarische Museen

In der Kunststadt Brügge widmen sich zwei private Museen kulinari-schen Themen: **Choco-Story** 16 do-kumentiert die Geschichte der Scho-kolade von den Mayas über die spanischen Eroberer bis heute. Man kann bei der Herstellung von Prali-nen zusehen und darf die süßen Köstlichkeiten auch probieren (Wijn-zakstraat 2, tgl. 10–17 Uhr, www.choco-story.be).

Das **Frietmuseum** 17 mit ange-schlossener »Frituur« widmet sich der Kartoffel und insbesondere den Pommes frites, Belgiens kulinari-schem Exportschlager. Es befindet sich in einem der ältesten Gebäude Brügges, der im 14. Jh. errichteten Saaihalle (Vlamingstraat 33, tgl. 10–17 Uhr, www.frietmuseum.be).

Heute ist der von Trauerweiden umstandene Weiher ein romantischer, nicht nur von verliebten Paaren gern frequentierter Ort. Von der Minnewaterbrücke bieten sich zauberhafte Panoramablicke über das Gewässer, auf dem Entenfamilien und Schwäne ihre Kreise ziehen.

Infos

In & Uit Brugge
t'Zand (Concertgebouw)
Tel. 050 44 86 86
www.inenuitbrugge.be
Tgl. 10–18 Uhr, Filiale am Stationsplein
Mo–Fr 10–17, Sa, So 10–14 Uhr

Aktivitäten

■ **Stadtführungen:** Abendrundgang Nov.–März Sa, So, Mo und Mi 17 Uhr, Sommerspaziergang April an Wochenenden, 1.–15. April tgl., Mai an Wochenenden und 18. Mai, Juni an Wochenenden, Juli/Aug. tgl., Sept./Okt. an Wochenenden, 14.30 Uhr, beide Touren Dauer 2 Std., Sprachen: Englisch, Französisch, Niederländisch, Treffpunkt Touristinformation t'Zandt.

Am Markt starten Kutschfahrten

■ **Bootstouren:** Von fünf Anlegestellen zwischen Huidevettersplein und Sint-Jansspitaal starten von März bis November zwischen 10 und 18 Uhr 30-minütige Bootsfahrten.

■ **Kutschfahrten:** halbstündige Fahrten ab Marktplatz tgl. von 9 bis 18 Uhr, Juli/Aug. bis 22 Uhr, 39 € pro Kutsche (bis 5 Pers.).

■ **Radtouren:** 2,5-stündige Stadtrundfahrten und längere Touren in die Umgebung organisiert **Quasimundo Bike Tours,** Tel. 050 33 07 75, www.quasimundo.com.

■ **Spitzenklöppeln:** In einem restaurierten Stiftungshaus aus dem 15. Jh. hat heute das **Kantmuseum** (Spitzenmuseum) seinen Sitz. Hier finden nachmittags Spitzenklöppel-Vorführungen statt; im Sommer kann man nach Voranmeldung auch an Workshops und Schnellkursen teilnehmen (Peperstraat 3a, www.kantcentrum.com).

Unterkunft

■ **De Tuilerieen**
Dijver 7][Tel. 050 34 36 91
www.hoteltuilerieen.com
Edles Hotel am Dijver; Zimmer mit Kanalblick und eleganter Ausstattung. Die Bar hat einen offenen Kamin, den Aperitif kann man auf der Terrasse einnehmen. Opulentes Frühstück mit Champagner und Schokoladenbrunnen. ●●●

■ **Die Swaene**
Steenhouwersdijk 1
Tel. 050 34 27 98
www.dieswaene.be
Das Hotel gehört zu den »Small Luxury Hotels of the World« und ist an Romantik und liebevoller Ausstattung kaum zu übertreffen. Traumhafte Lage direkt am Wasser, aufmerksamer Service. Im

angesagten Restaurant »Pergola Kaffee« serviert der prämierte Küchenchef kreative flämische Küche. ●●●

■ **Grand Hotel Casselbergh**
Hoogstraat 6][**Tel. 050 44 65 00**
www.grandhotelcasselbergh.be
In dem zentral gelegenen 4-Sterne-Hotel genießt man modernen Luxus in historischen Mauern. 118 geräumige, mit Stilmöbeln eingerichtete Zimmer. Zum großen Wohlfühlfaktor trägt das Wellnesscenter im Keller aus dem 16. Jh. bei. ●●●

■ **Bonifacius**
Groeninge 4][**Tel. 050 49 00 49**
www.bonifacius.be
Ein Gebäude aus dem 16. Jh. beherbergt das **kleine, aber exklusive Gästehaus mit Terrasse und Blick auf den Groeninge-Kanal.** Nur 3 mit Antiquitäten eingerichtete Zimmer. ●●

Echt gut!

■ **De Sterre**
Gouden Handstraat 3
Tel. 050 33 80 58
www.desterre-brugge.be
B & B in einem kleinen, zweistöckigen Gartenhaus aus dem 17. Jh. mit erlesenem antikem Interieur. Sehr romantisch! ●●

Restaurants

■ **De Karmeliet**
Langestraat 19][**Tel. 050 33 82 59**
www.dekarmeliet.be
In puristischem Ambiente kredenzt Chef Geert Van Hecke **von Michelin prämierte klassisch-belgische Küche in fantasievollen Variationen,** z. B. frische Muscheln in belgischem Weißbier oder Spanferkel glaciert mit heißer Schokolade. So, Mo geschl. ●●●

Echt gut!

■ **Breydel De Coninc**
Breidelstraat 24][**Tel. 050 33 97 46**
www.breydeldeconinc.be

Restaurant De Vlaamsche Pot

Zentral zwischen Marktplatz und Burg gelegenes, sympathisches Bistro mit Schwerpunkt auf Fischspezialitäten: Muscheln, Hummer, Aal oder Seezunge, traditionell und lecker zubereitet. Tgl. 12–14.30, 18–22 Uhr, Mi geschl. ●●

■ **De Vlaamsche Pot**
Helmstraat 3–5
Tel. 050 34 00 86
www.devlaamschepot.be
Das winzige, urige Lokal liegt in einer ruhigen Seitengasse. In nostalgischem Ambiente werden die flämischen Klassiker Muscheln, Kaninchenragout oder Hühnerfrikassee serviert, allesamt natürlich mit Fritten. Bei schönem Wetter sitzt man im Garten. Mo, Di geschl. ●●

■ **Pergola Kaffee**
Meestraat 7][**Tel. 050 44 76 50**
www.pergolakaffee.be
In einem Gewölbekeller aus dem 16. Jh. zaubert Nick Coppens, der zur jungen Riege der großen Küchenchefs gehört, tolle Menüs mit Nordseekrabben, Hummer, frischem Gemüse und anderen

Zutaten der Region. Schöne Terrasse am Kanal. Di, Mi geschl. ●●

■ **Café Vlissinghe**
Blekersstraat 2][Tel. 050 34 37 37
www.cafevlissinghe.be
Brügges ältestes Café – seit 1515 befindet sich in diesem Haus ununterbrochen eine Kneipe. Leckere warme Schokolade mit Schuss, große Auswahl an Bieren, kleine Häppchen, Salate. 11–22 Uhr, Mo, Di geschl. ●

Shopping

Brügges **Haupteinkaufsstraßen** sind **Steenstraat, Geldmuntstraat, Zuidzandstraat** und **Noordzandstraat.** Rund um den **Stevinplein** unterhalten viele Chocolatiers Läden, Spitzengeschäfte findet man an der **Wolle-** und **Breidelstraat.**

■ **Chez Madame Moustache**
Ezelstraat 16
www.chezmadamemoustache.be
Concept Store mit Mode junger Designer sowie Einrichtungsgegenständen, Schmuck und Accessoires. Außerdem: coole Kaffeebar.

■ **L'Héroïne**
Noordzandstraat 32
www.lheroine.be
Mode bekannter belgischer Designer wie Dries Van Noten, Ann Demeulemeester und Annemie Verbeke. Außerdem Schuhe, Taschen und Accessoires.

■ **'t Apostelientje**
Balstraat 11][www.apostelientje.be
Echt gut! Handgefertige belgische Spitze von bester Qualität, auch antike Stücke.

■ **2be**
Wollestraat 53][www.2-be.biz
Alles, was man aus Belgien als Souvenir mit nach Hause nehmen kann – von Butterkeksen über Comics bis zu Bier (780 Sorten!).

■ **B by B (Babelutte by Bartholomeus)**
Sint-Amandstraat 39
www.bbyb.be
Babelutte sind Toffees aus einem nach überlieferter Rezeptur hergestellten Karamell, aus dem Sternekoch Bart Desmidt zunächst Desserts, später auch Pralinen kreierte. Die süßen Kunstwerke haben Nummern, auf deren Basis man sich Boxen zusammenstellen kann.

■ **The Chocolate Line**
Simon Stevinplein 19
www.thechocolateline.be
Die Kreationen des Brüggers Dominique Persoone, der sich selbst als »Shock-o-latier« bezeichnet, sind sowohl von der Form als auch von den Zutaten her spektakulär.

Nightlife

■ **Concertgebouw**
't Zand 34
Karten-Tel. 00 32 70 22 33 02
www.concertgebouw.be
Brügges moderne, vom Genter Architekturbüro Robbrecht & Daem entworfene Konzerthalle hat Hochkarätiges auf dem Programm: Klassik, Musiktheater, Jazz und Tanz.

■ **'t Brugs Beertje**
Kemelstraat 5
www.brugsbeertje.be
1a-Adresse, um sich durch belgische Biersorten – 300 sind hier im Angebot – zu trinken: Zu klassischer Musik werden Käsehappen und Croque Monsieur serviert. Mi geschl.

■ **Groot Vlaenderen**
Vlamingstraat 94
www.grootvlaenderen.be
Klassische Bar mit coolem Jazzsound und guten Cocktails.

Ausflüge in die Umgebung

*Damme

Ein beliebter Ausflug führt von Brügge nach Damme, der Stadt Till Eulenspiegels. Man kann sich entweder in Brügge ein Rad leihen oder – viel romantischer – mit dem Raddampfer auf dem Brügge-Damme-Kanal durch die flache Polderlandschaft stampfen (Radverleih im Bahnhof oder im Concertgebouw, Infos zur Bootstour: www.bootdamme-brugge.be).

Die mittelalterliche Stadt empfängt Besucher mit viel Charme. Sie gelangte als Vorhafen Brügges zu Wohlstand, bis die Versandung des Zwin der wirtschaftlichen Blüte auch hier ein Ende bereitete. Mit vielen Antiquariaten, Buchläden und einem regelmäßig stattfindenden Büchermarkt (2. So im Monat) pflegt Damme sein Image als Bücherstadt – dieses gründet zum einen auf Jacob van Maerlant, der im 13. Jh. in Damme lebte und hier seine wichtigsten Werke schrieb. Eine Statue des »flamischen Walther von der Vogelweide« steht vor dem Rathaus. Zum anderen ließ der Schriftsteller Charles de Coster seine »Geschichte von Thyl Ulenspiegel und Lamme Goedzak« in Damme spielen. Im Patrizierhaus De Grote Sterre am Marktplatz beschäftigt sich das **Till-Eulenspiegel-Museum** mit der Figur des Schelmen und der Narrenliteratur im Allgemeinen (Mitte April–Mitte Okt. 9–12, 14–18, sonst bis 17, Sa, So, Fei 14–17 Uhr).

Auf dem Brügge-Damme-Kanal

Von Dammes Glanzzeit zeugen das gotische **Rathaus** und die gewaltige **Liebfrauenkirche** mit dem Grab Jacob van Maerlants. Vom Turm genießt man einen fantastischen Panoramablick über das Polderland, an klaren Tagen bis zur Küste (Mai–Sept. tgl. 10.30–12, 14.30–17.30 Uhr).

Restaurant

Siphon
Damse Vaart Oost 1
Tel. 050 62 02 02][**www.siphon.be**
Das Gourmetrestaurant ist seit 30 Jahren berühmt für seine Spezialität: Aal in grüner Soße. Do, Fr geschl. ●●●

Lissewege

Von Kopfweiden gesäumte Wiesen, weiß getünchte Häuser mit roten Ziegeldächern, ein kleiner Kanal – die Polderlandschaft hinter der Küste ist Idylle pur. Bei der Anfahrt schon von Weitem sichtbar ist der Backsteinturm der **Liebfrauenkirche** von Lissewege, die im Mittelalter ein berühmter Marienwallfahrtsort und Station von Pilgern auf dem Weg nach Santiago de Compostela war. Vom Kirchturmdach hat man einen schönen Blick zum Meer (Kirche tgl. 10–17, im Sommer 9–20 Uhr, Turm Juli/Aug. tgl. 14–17, Mitte–Ende Juni und Anf.–Mitte Sept. nur Sa, So).

Das **Historische Museum** des Ortes (Mitte Juni–Mitte Sept. tgl. 14-17.30 Uhr, sonst nur Sa, So) dokumentiert die 1000-jährige Geschichte des »weißen Dorfes« und des ehemaligen **Zisterzienserklosters Ter Doest,** von dem noch die Zehntscheuer aus dem 13. Jh. erhalten ist, ein **seltenes Beispiel gotischer Profanarchitektur.** Ein Wanderweg (5,5 km oder 7,2 km, Karte in der Touristeninformation erhältlich) führt über den Boudewijnkanal dorthin.

Echt gut

Restaurant

Bistro Huyze Saeftinghe
Onder de Toren 5
Tel. 050 82 04 90
www.huyzesaeftinghe.be
Französisch-belgische Küche, besonders beliebt sind die hausgemachten Shrimp-Kroketten. Mo, Di geschl. ●●

Touren in Westflandern

Entlang der Nordseeküste

⑫ Brügge › Knokke-Heist › Blankenberge › De Haan › Oostende › De Panne › Brügge

Dauer/Länge: 2–3 Tage; 160 km
Praktische Hinweise: Die direkt am Meer entlangfahrende Küstentram »De Lijn« verbindet alle Orte an der belgischen Küste miteinander (Infos unter www.delijn.be/dekusttram). Parallel wurde die Kustfietsroute ausgewiesen, eine 86 km lange Fahrradroute, die sich streckenweise vom Meer entfernt (detaillierte Infos unter www.fietsen-wandelen.be).

Westflanderns touristische Hauptattraktion ist zweifelsohne die Küste, an deren breitem Sandstrand sich ein Badeort an den anderen reiht. Im Hinterland erstreckt sich ein Dünengürtel, der von Rad- und Wanderwegen erschlossen wird. Die Tour startet im mondänen *Knokke mit Casino und Golfclub im Villenvorort Het Zoute › S. 110, nächste Station ist das trubelige **Blankenberge** › S. 110, dessen Freizeit- und Unterhaltungsangebot vor allem auf Familien mit Kindern abzielt. *De Haan › S. 110 mit seinen von viel Grün umgebenen weißen Villen entfaltet nostalgischen Charme, während **Oostende›** S. 111 mit Hafenatmosphäre am Visserskaai lockt. Letzte Station ist *De Panne › S. 113, ein

Wer Garnelen liebt, ist an Oostendes Visserskaai richtig

Dorado für Strandsegler und Ausgangspunkt für Ausflüge ins Dünengebiet Westhoek.

Kortrijk und die Westhoek

⑬ **Brügge › Kortrijk › Ieper › Poperinge › Veurne › Brügge**

Dauer/Länge: 2–3 Tage; 180 km
Praktische Hinweise: Am flexibelsten ist man mit dem Pkw, die Westhoek verfügt aber auch über ein gut ausgebautes Fahrradnetz (Infos unter www.west-vlaanderen.be).

Auf dieser Tour lernt man die mittelalterliche Tuchmacherstadt Kortrijk und die Westhoek kennen, Flanderns westlichsten Winkel. Wo im Ersten Weltkrieg verlustreiche Schlachten tobten, liegt heute friedliche Stille über einer weiten Landschaft, in der von Kopfweiden gesäumte Kanäle fettes Weideland mit wohlgenährten Kühen durchfließen.

In ****Kortrijk ›** S. 114 stehen der Grote Markt mit seinen stolzen Bauten und Belgiens schönster Beginenhof auf dem Besichtigungsprogramm, bevor es nach ****Ieper ›** S. 115 weitergeht. Auch hier zeugt der Marktplatz von mittelalterlichem Kaufmannsstolz – bei den Gebäuden handelt es sich allerdings um Rekonstruktionen, die Originale fielen dem Ersten Weltkrieg zum Opfer. An dessen Schrecken erinnert das neu eröffnete Museum In Flanders Fields. In **Poperinge ›** S. 115 erholten sich einst alliierte Soldaten, heute dreht sich alles um den Hopfen. Die Tour endet im hübschen Marktflecken ***Veurne ›** S. 116, der für seine aufs 17. Jh. zurückgehende Bußprozession bekannt ist.

Unterwegs in Westflandern

*Knokke-Heist 18

Mit seinem **Kasino** im Art-déco-Stil, dem Villenviertel **Het Zoute,** schicken Geschäften und exklusiven Restaurants ist Knokke-Heist der mondänste Badeort an der flämischen Küste. Es gibt 50 Kunstgalerien und das Kulturprogramm ist besonders im Sommer spannend. Östlich von Knokke erstreckt das Naturschutzgebiet ****Het Zwin,** ein versandeter Meeresarm, der heute über 100 Vogelarten beheimatet (www.zwin.be).

Infos

Toerisme Knokke-Heist
Zeedijk-Knokke 660 (Knokke)
Knokkestraat 22 (Heist)
Tel. 050 63 03 80
www.knokke-heist.info

Restaurant

Bel Etage
Gulden Vliesstraat 13
Tel. 050 62 77 33
www.restaurantbeletage.be
In dem kleinen Lokal verwöhnt Meisterkoch Fabrice Vuillemin am Abend maximal 15 Gäste. Sie dürfen sich auf exquisite Gourmetküche mit frischen Produkten vom Markt freuen. Reservierung empfohlen! Mi geschl. ●●●

Blankenberge 19

Das traditionsreiche Seebad mit 350 m langem ***Pier** und trubeliger Strandpromenade ist Belgiens Familienbadeort Nummer eins: Man relaxt am Strand und nutzt die vielfältigen Wassersportmöglichkeiten. Wer danach noch Tatendrang verspürt, taucht ins quirlige Nachtleben der Casinostadt ein. Oder probiert in einem Restaurant **fangfrische Austern, die hier einfach köstlich sind.** Alljährlich von Juni bis August findet am Strand von Blankenberge das **Sandskulpturenfestival** statt.

Echt gut

Unterkunft

Hotel Helios
Zeedijk 92][**Tel. 050 42 90 20**
www.hotelhelios.be
Design-Hotel direkt am Meer mit gepflegtem Wellnessbereich und schöner Dachterrasse. ●●●

Restaurant

Oesterput
Wenduinse Steenweg 11
Tel. 050 41 10 35
www.oesterput.com
Das Lokal am Jachthafen ist eine Institution in Sachen Meeresfrüchte. Frische Langusten, Muscheln und natürlich auch Austern. Mo, Di geschl. ●●

*De Haan 20

Am lauschigsten ist De Haan mit seinen schmucken Villen und Hotels im Belle-Époque-Stil. Schon König Leopold II. schätzte das milde Klima an Flanderns längstem Sandstrand. Ihm ist das reizvolle Stadtbild zu verdanken, das in sei-

Strandpromenade in De Haan

ner nostalgischen Schönheit erhalten blieb. Die schönsten Belle-Époque-Bauwerke sind im Villenviertel **Concessie** zu bewundern. Architekturspaziergänge führen unter anderem zur **Villa Savoyarde,** in der Albert Einstein 1933 ein halbes Jahr im Exil lebte (Infos bei der Touristeninformation).

Infos

Dienst Toerisme De Haane
Koninklijk Plein
Tel. 059 23 34 39
www.dehaan.be

Unterkunft

Villa Rabelais
Maria Hendrikalaan 3
Tel. 04 78 30 70 61
www.maisonrabelais.be
Freundliches B & B in einer historischen Villa im Concessie-Viertel, 300 m vom Meer entfernt, mit drei liebevoll eingerichteten Zimmern. ●

Restaurant

Casa Nova
Zeedijk 15][**Tel. 059 23 45 55**
www.casanova-dehaan.com
Gediegenes Lokal mit Meerblick und Schwerpunkt auf Seafood, besonders lecker: das Nordseemenü. Do geschl. ●●

Oostende 21

Die quirlige Hafenstadt Oostende gibt sich weltläufig, jung und hat auch Kulturinteressierten viel zu bieten. Die Konzerte und Veranstaltungen im Kursaal ziehen Besucher aus der gesamten Region an. Auch das mondäne **Casino** ist hier untergebracht (www.kursaaloostende.be).

Im *James-Ensor-Haus* in der Vlaanderenstraat 27 verbrachte Ensor (1860–1949) fast sein gesamtes Leben. Er malte und wohnte im Obergeschoss, während seine Mutter im Erdgeschoss einen Muschel- und Souvenirladen führte (Mi–Mo 10–12, 14–17, Okt.–Mai Sa, So 14-17 Uhr). Im **Kunstmuseum aan Zee** sind viele Bilder Ensors zu bewundern, zusammen mit Werken belgischer Kunst vom 19. Jh. bis in die Gegenwart (Di–So 10–18 Uhr, www.muzee.be).

Echt gut! **Handgeschälte Garnelen mit einem Glas Rodenbach-Bier?** Typischer geht es kaum in Oostende. Fangfrisch kosten kann man die Delikatesse in der **Vistrap** (Fisch-

markthalle) am *Visserskaai oder in einem der umliegenden Restaurants. Am Visserskaai liegt auch das **Museumsschiff »Amandine«**, ein Islandfahrer, der hier 1995 endgültig vor Anker ging (tgl. 10–17, Juli/Aug. 10–17.30 Uhr, www.museum-amandine.be).

Infos

Toerisme Oostende
Monacoplein 2][**Tel. 059 70 11 99**
www.visitoostende.be

Entlang der Nordseeküste **Brügge › Knokke-Heist › Blankenberge › De Haan › Oostende › De Panne › Brügge**

Kortrijk und die Westhoek **Brügge › Kortrijk › Ieper › Poperinge › Veurne › Brügge**

Unterkunft

Hotel Louisa
Louisastraat 8b][**Tel. 059 50 96 77**
www.hotellouisa.be
Zentral gelegenes, gemütliches Hotel
im Art-déco-Stil mit tollem Frühstück. ●

Restaurant

t' Groote Huys
Karel Janssenslaan 10
Tel. 059 70 10 67
www.tgrootehuys.be
In einem prachtvollen Herrenhaus aus
dem Jahr 1892 wird belgische Küche
mit mediterranem Touch serviert.
So, Mo geschl. ●●

*De Panne ₂₂

De Panne ist das Dorado der
Strandsegler, bereits seit dem Jahr
1909 finden hier Wettkämpfe
statt. Die Sportler flitzen mit bis
zu 120 Stundenkilometern über
den Sandstrand, der mit 400 m
der breiteste der belgischen Küste
ist. Im Städtchen laden jede Menge Cafés und Restaurants zu Re-
lax-Stunden ein. Im Hinterland
erstreckt sich das Naturreservat
*De Westhoek mit einer herrli-
chen Dünenlandschaft, die man
auf Wanderwegen erkunden kann.
Im südlich liegenden **Calmeyn-
wald** wurden vor über 100 Jahren
verschiedene Baumarten ange-
pflanzt, um die Wanderbewegung
der Dünen zu stoppen.

Infos

Toerisme De Panne
Zeelaan 21][**Tel. 058 42 16 16**
www.depanne.be
Tipps für Wanderungen in der Westhoek.

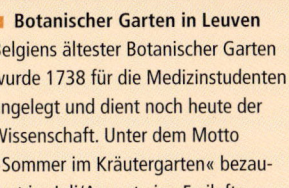

Romantische Momente

■ **Botanischer Garten in Leuven**
Belgiens ältester Botanischer Garten
wurde 1738 für die Medizinstudenten
angelegt und dient noch heute der
Wissenschaft. Unter dem Motto
»Sommer im Kräutergarten« bezaubert im Juli/August eine Freiluftaus-
stellung mit Kunstwerken ❭ S. 65.

■ **Hafentour in Antwerpen by night**
Vom Wasser aus gesehen entfaltet die
mittelalterliche Stadtkulisse einen be-
sonderen Zauber, am unwidersteh-
lichsten bei Sonnenuntergang, wenn
überall die Lichter angehen ❭ S. 83.

■ **Minnewater in Brügge**
Im Mittelalter als Hafenbecken genutzt, ist das Minnewater heute ein
idyllischer Weiher und ein Ort für Ver-
liebte. Am von Weiden gesäumten
Ufer entlangschlendern und die Schwäne – Brügges Stadtsymbol – beobach-
ten … zum Dahinschmelzen! ❭ S. 103.

■ **Sonnenuntergang am Meer**
Ein Abendspaziergang am Strand von
de Panne ist Balsam für die Seele:
Wenn der Trubel nachlässt, drehen die
Möven ihre Runden, werden langsam
zu Silhouetten. Auf dem Rücken eines
Pferdes am Wellensaum entlangzu-
reiten und der Brandung zu lauschen,
ist jetzt besonders schön (für 14 € pro
Stunde gibt es Pferde zu mieten, u. a.
über www.tepaardaanzee.be) ❭ S. 113.

■ **Genter Lichtplan**
Mit Einbruch der Dämmerung werden
die schönsten Gebäude der Altstadt
nach einem eigens entwickelten Konzept effektvoll illuminiert. Stimmungsvoller Abschluss des abendlichen
Bummels: ein Aperitif an der Graslei
mit Blick aufs Wasser ❭ S. 130.

Beginenhof in Kortrijk

Tram 57

Kerkstraat 57][**Tel. 058 42 01 05**
www.tram57.be
Straßenbahn Nummer 57 hält direkt vor
der Haustür, daher der Name. In einem
stilvollen Cottage serviert Chefkoch
Bjorn Kreationen aus lokalen und saisonalen Produkten. Mi, Do geschl. ●●

Aktivitäten

Strandsegeln: Das Strandsegeln lässt
sich in relativ kurzer Zeit lernen, voraus-
gesetzt man hat Wind. Die Strandsegel-
schule LAZEF verleiht Ausrüstung und
veranstaltet Kurse (**Dynastielaan 20,
www.lazef.be**).

Kortrijk 23

In die Geschichtsbücher verhalf
Kortrijk die Goldene-Sporen-
Schlacht, in der flämische Fuß-
truppen 1302 ein französisches
Ritterheer besiegten. Frankreich
war bestrebt, die florierende flämische Tuchindustrie unter seine
Kontrolle zu bringen, und die Stadt
an der Leie war eines ihrer Zen-
tren. Noch heute ist die Textilin-
dustrie ihr wichtigstes wirtschaftli-
ches Standbein, doch zunehmend
spielen auch Designprodukte eine
Rolle. **Die Biennale Interieur
setzt neue Trends** und hat sich zu
einem Event von europäischer
Dimension entwickelt. **Echt
gut.**

Vom Wohlstand im Mittelalter
zeugt der **Grote Markt** mit dem
Belfried als einzigem Rest der
Tuchhallen, dem ***Stadhuis** und
der **Sint-Maartenskerk.** An die
Kirche grenzt der ****Beginenhof**
an, mit seinen Backsteinhäuschen
rund um die Matthäuskapelle einer der schönsten Flanderns
(Sommer 7–21, Winter 7–20 Uhr,
Besucherzentrum Di–Fr 13–17,
Sa, So 13–18 Uhr). Im Museum
**Kortrijk 1302 – ein Tag, sieben
Jahrhunderte** wird man multime-
dial ins Geschehen des Jahres 1302
katapultiert (Begijnhofpark, April
bis Sept. Di–Fr 10–18, Sa, So, Fei
10–17, Okt.–März 10–17 Uhr).

Hinter dem Beginenhof ragt
die **Onze-Lieve-Vrouwkerk** auf,
die hochkarätige Kunstwerke
birgt: Die Grafenkapelle zieren
Fresken mit Porträts aller Grafen
von Flandern; André Beauneveu
schuf 1380 die Alabasterstatue der
»Hl. Katharina von Alexandrien«.
Im linken Querschiff zieht Van
Dycks »Kreuzaufrichtung« (1631)
den Blick auf sich (Mo–Fr 8–18,
Sa ab 9, So 11–18 Uhr).

Die beiden mächtigen **Broel-türme** an der Leie sind die einzigen erhaltenen Reste der mittelalterlichen Stadtbefestigung.

****Ieper** 24

Das Städtchen erlangte als Kriegsschauplatz im Ersten Weltkrieg traurige Berühmtheit. Es wurde fast vollständig zerstört – bei den Bauten rund um den prächtigen Marktplatz handelt es sich um Rekonstruktionen. Dennoch beeindrucken das Renaissance-Rathaus **Nieuwerck,** der **Gerichtshof,** das **Kasselrijgebouw** (altes Rathaus) und die vom **Belfried** überragte mächtige ****Tuchhalle.** Hier eröffnete 2012 das ****Museum In Flanders Fields,** ein beeindruckendes Kriegsmuseum, das den menschlichen Aspekt in den Vordergrund stellt. Mithilfe eines interaktiven Programms wird der Besucher durch das Museum geleitet und lernt dabei die Geschichten von vier Personen kennen, die den Ersten Weltkrieg in der Westhoek miterlebt haben (April–Mitte Nov. tgl. 10–18, Mitte Nov.–März Di–So 10–17 Uhr, www.inflandersfields.be).

Marktplatz in Ieper mit Tuchhalle, Belfried und Rathaus

Poperinge ㉕

In Poperinge dreht sich alles um den Hopfen, der hier bereits seit dem 14. Jh. angebaut wird. Das *Hopfenmuseum schildert, unterstützt von audiovisuellen Medien, Geschichte und Verfahren des Hopfenanbaus (www.hopmuseum. be). Alle drei Jahre im September findet ein dreitägiges Spektakel mit der Wahl der Hopfenkönigin statt (nächster Termin 2014, www. hoppefeesten.be).

Die **Privatbrauerei Van Eecke** braut ein ganzes Sortiment von Trappistenbieren, Verkaufsschlager ist jedoch das Poperinger Hommelbier (Douvieweg 2, Watou, www.brouwerijvaneecke.be). Ganz in der Nähe liegt die Abtei **Sint Sixtus in Vleteren,** auf deren Gelände noch Original-Trappistenbier gebraut wird. Kaufen kann man es nur im Shop der Abtei und nur nach telefonischer Vorbestellung (Tel. 070 21 00 45, Fr, So und Fei geschl., www.sintsixtus.be).

Unterkunft

Hotel Amfora
Grote Markt 36][**Tel. 057 33 94 05**
www.hotelamfora.be
In einem historischen Gebäude am Großen Markt; gemütlich eingerichtete Zimmer, schöner Innenhof. ●●

Restaurant

Hommelhof
Watouplein 17][**8978 Watou**
Tel. 057 38 80 24
www.hommelhof.be
Stefaan Couttenye hat sich mit Kreationen einen Namen gemacht, bei denen

das regionale Bier eine Hauptrolle spielt. Mo, Di, Mi, Do Abend geschl., Juli/Aug. tgl. ●●

*Veurne ㉖

Wer Veurne am letzten Sonntag im Juli besucht, fühlt sich ins Spanien des Mittelalters versetzt. Bei der seit 1656 stattfindenden, berühmten Bußprozession werden Szenen aus der Passion Christi nachgestellt, während in Kutten gekleidete Büßer schwere Holzkreuze schleppen. Freundlich und heiter ist hingegen der Eindruck, den der *Marktplatz hinterlässt: Er wird von Renaissancehäusern aus gelbem Backstein umrahmt, deren Fronten Treppengiebel krönen. Im **Rathaus** und im angrenzenden **Landhuis** aus dem 17. Jh. sind u. a. Mechelner Ledertapeten, barocke Gemälde und kostbare Möbel zu bewundern (Führungen April–Okt. tgl. 11, 14, 15 und 16.30 Uhr).

Kostbarster Schatz der *Sint-Walburgakerk ist eine Reliquie des Heiligen Kreuzes, die Robert II. von Flandern aus Jerusalem mitgebracht haben soll. Der Aufstieg zum Turm der **Sint-Niklaaskerk** lohnt der Aussicht auf den Marktplatz, aber auch des Glockenspielmuseums wegen (Mitte Juni–Mitte Sept. tgl. 10–11.45, 14–17.15 Uhr).

Infos

Toerisme Veurne
Grote Markt 29][**Tel. 058 33 55 31**
www.veurne.be

Gildehäuser an der Graslei, dem ehemaligen Hafen von Gent

Gent und Ostflandern

Nicht verpassen!

- Das Giebeldefilee der Koren- und Graslei an sich vorüberziehen lassen
- In der Sint-Baafskathedraal dem Geheimnis des Genter Altars nachspüren
- Innovative Küche der Spitzenklasse genießen – bei den Flemish Foodies
- An der Leiestreek nach den Bildmotiven von Malern der Latemer Schule suchen
- Sich in den Ardennen an die Fersen der Radsportprofis heften

Zur Orientierung

Nirgendwo in Flandern gibt es mehr Geschichte pro Quadratmeter, von allen Kunststädten zählt Gent die meisten historischen Bauwerke: eine mächtige mittelalterliche Wasserburg, ein wuchtiger Belfried und imposante Kirchtürme. Auf den Grachten gleiten Boote vorbei an den malerischen Fassaden der mittelalterlichen Stapelhäuser. Atemberaubend schön die Korenlei und Graslei, der ehemalige Hafen der Stadt aus den Glanzzeiten im frühen Mittelalter, als Gent ein blühendes Zentrum der Tuchweberei und des Handels war und nach Paris die zweitgrößte Stadt in Nordeuropa.

In der Sint-Baafskathedraal ist eines der bekanntesten Werke der flämischen Malerei zu bestaunen, das bis heute ein Geheimnis birgt: der Genter Altar der Brüder Van Eyck. Und die Gegenwartskunst hat ihren Platz im Süden der Stadt: Hier locken Museen mit hochkarätigen Ausstellungen.

Über 65 000 Studenten leben in Gent – und die füllen tagtäglich die Straßen mit Leben. Überhaupt ist Lebensfreude, neben ihrer Querköpfigkeit, auf die sie mächtig stolz sind, ein Markenzeichen der Genter. Auf kulinarischem Gebiet steht Kreativität ganz oben: Klassisch flämisch und doch innovativ geben sich die drei Jungstars der Genter Gastroszene, die Flemish Foodies. Ziegenkäse mit geeisten Limetten und lauwarmer Räuchermakrele? In der Tat eine

Blick über die Leie auf Sint-Niklaaskerk und Gildehaus der Steinmetze

Köstlichkeit. Vegetarisches steht jeden Donnerstag, am »Veggie Day«, in allen Restaurants auf dem Speiseplan, und da ist eine simple Gemüsevorspeise schon mal ein wahre Geschmacksexplosion im Mund. In den urigen Genter Kneipen kommt flämische Hausmannskost wie der Eintopf »Waterzooi« auf den Tisch, begleitet von einem frisch gezapften Bier. Der Lokalstolz ist das prämierte »Delirium Tremens« – dessen Symbol ist ein blauer Elefant, und wer einen zu sehen bekommt, so heißt es, sollte unbedingt aufhören zu trinken. Das passiert in den Studentenkneipen wohl häufiger, denn da ist die Stimmung vor allem am Wochen-

ende stets bestens. Auch ansonsten ist die Ausgehszene in der Stadt lebhaft. Die Säle in den Kulturhäusern bieten ein Topprogramm, und bei den alljährlich im Juli stattfindenden Gentse Feesten sorgen Sänger und andere Künstler auf den Plätzen vor Hunderttausenden Zuschauern für Unterhaltung.

Vor den Toren der Stadt bezaubert ein romantisches Wasserschloss, und eine Tour entlang der Leie führt durch bildschöne Landschaft, die schon im 19. Jh. flämische Künstler inspiriert hat.

Radsportfans können in den flämischen Ardennen ein Teilstück der Flandernrundfahrt nacherleben.

Touren durch ***Gent

Historische Innenstadt

– ⑭ – Gravensteen › Gras- und Korenlei › Korenmarkt › Belfried › Sint-Baafskathedraal › Stadhuis › Vlasmarkt › Vrijdagmarkt › Dulle Griet › Patershol › Groot Vleeshuis

Dauer/Länge: 1/2 Tag; 4 km
Praktische Hinweise: Gent lässt sich gut zu Fuß erkunden, aber auch per Boot oder mit dem Fahrrad. Mit dem Radroutenplaner (http://fietsroute planner.gentfietst.be) kann

man sich online selbst eine Tour zusammenstellen. Für Kulturinteressierte empfiehlt sich der Kauf des Museumspasses (20 € für 3 Tage, Eintritt in 14 Museen und Monumente, kostenlose Benutzung der städtischen Busse und Straßenbahnen, Infos unter www.visitgent.be). Zur Hauptattraktion, dem Genter Altar, pilgern jedes Jahr über 70 000 Besucher, der Andrang ist also groß. Wer die Sint-Baafskathedraal gleich nach der Öffnung besucht, vermeidet lange Wartezeiten.

10 ****Gravensteen** 🔟

Trutzig, gigantisch, fast ein wenig bedrohlich – das mitten im Zentrum von Gent gelegene Schloss flößt Respekt ein! Philipp von Elsass baute die von der Leie umflossene Wasserburg 1180 zur Festung aus, bis ins 14. Jh. war sie Residenz der flandrischen Grafen. Diese waren in ihrer Machtausübung alles andere als zimperlich – eine eindrucksvolle Sammlung von Waffen und Folterwerkzeugen zeugt davon. Per Movieguide kann man sich von Philipp von Elsass und seiner zweiten Frau Mathilde von Portugal durch die Burg führen lassen (April–Sept. tgl. 9–18, sonst bis 17 Uhr, www.gent.be/gravensteen).

Treppenhaus des Designmuseums

*Designmuseum 🔟

Das Museum zeigt Design vom 17. bis zum 21. Jh. Dazu gehören auch Teile der Innenausstattung des 1755 erbauten Hôtel de Coninck, das die Sammlung beherbergt. In der Abteilung »20. Jh. bis heute« bilden Jugendstil und Art déco einen Schwerpunkt (Jan Breydelstraat 5, Di–So 10–18 Uhr, www.designmuseumgent.be).

11 ****Gras- und Korenlei** 🔟

Die beiden von prächtigen Bauten gesäumten Kaistraßen säumten im Mittelalter den ersten Genter Hafen. Das Getreidemesserhaus, das Gildehaus der Freien Schiffer, das Stapelhaus … jedes Haus an der Graslei spielte während Gents Blütezeit als Handelsstadt eine tragende Rolle. Vor der viel fotografierten Kulisse herrscht besonders im Sommer buntes Treiben: Genter und Touristen lassen sich hier in den Cafés und Restaurants die Sonne ins Gesicht scheinen.

Restaurant

Korenlei Twee
Korenlei 2][**Tel. 09 224 00 73**
www.korenleitwee.be
Direkt an der Gracht, mit Tischen auf der Terrasse. Leckere Mittagsmenüs. So, Mo geschl. ●●

---

*Sint-Michielsbrug 🔟

Der perfekte Ort, um Gents mittelalterliche Skyline mit einem Blick zu erfassen: Von der Brücke über die Leie sieht man den Turm der gotischen Sint-Niklaaskerk, den um 1300 erbauten Belfried und den

Echt gut!

Prächtige Gildehäuser an Gents ältestem Hafen, der Korenlei

Turm der Sint-Baafskathedraal, die den weltberühmten Genter Altar birgt. Die gotische **Sint-Michielskerk 5** ist reich mit Kunstwerken bekannter Meister ausgestattet, u. a. mit einem »Christus am Kreuz« von Anthonis van Dyck (Di–So 10–17, Mo 14–17 Uhr).

Korenmarkt

An dem von Cafés und Restaurants gesäumten Platz erhebt sich die **Sint-Niklaaskerk 6** mit ihrem massiven Vierungsturm, ein Paradebeispiel der Scheldegotik. Treppentürme flankieren das Querschiff des aus grauem Kalkstein errichteten Gotteshauses (Di–So 10–17 Uhr).

Gegenüber steht am Anfang der Sint-Niklaasstraat das **Gildehaus der Steinmetze 7** aus dem 16. Jh., dessen Treppengiebel sechs Moriskentänzer krönen.

Vom Kornmarkt zweigt in westlicher Richtung eine Straße namens **Klein Turkije** ab, heute eine beliebte Ausgehadresse. Sie war Gents erste gepflasterte Straße, angelegt nach den Berichten von Kreuzfahrern, denen die von den Osmanen im Heiligen Land gebauten Straßen in angenehmer Erinnerung geblieben waren.

**Belfried 8

Der 91 m hohe Belfried war das Symbol der Unabhängigkeit der Stadt, hier wurden die verbrieften Freiheitsrechte der Genter aufbewahrt. Auf seiner Spitze glänzt ein vergoldeter Drache. Bis 1659 schlug hier die mächtige Rolandglocke: Ihr Klang warnte die Genter bei Feuer und rief sie zu den Waffen. Als sie sich jedoch gegen ihren eigenen Prinzen auflehnten, den späteren Kaiser Karl V., wurde die

Glocke zur Strafe aus dem Belfried entfernt und in die 37 Glocken des heutigen Carillon umgegossen. Man sieht das Glockenspiel beim Aufstieg auf den Turm, der einen herrlichen Rundblick über die Stadt bietet (tgl. 10–18 Uhr).

***Sint-Baafskathedraal 9

Die erste Pfarrkirche der Stadt und Taufkirche Kaiser Karls V. wurde 1561 nach Gents Erhebung zum Bischofssitz Kathedrale. Sie besitzt heute 22 Altäre und birgt wertvolle Kunstwerke: einen barocken Hochaltar aus schwarz-weißem und rotem Marmor von Hendrik Verbruggen, eine Rokokokanzel aus Eiche und Marmor von Laurent Delvaux und das Gemälde »Eintritt des Hl. Bavo ins Kloster« von Rubens. Kostbarster Schatz und ein Meilenstein der Kunstgeschichte ist der weltberühmte Genter Altar, ein 1432 von den Brüdern van Eyck geschaffener Flügelaltar, der auf 26 Tafeln die Heilsgeschichte darstellt › Exkurs unten. Er entstand als Auftragsarbeit für den Genter Patrizier Jodocus Vijd (Kathedrale 8.30–18, So, Fei 13 bis 18, Nov.–März bis 16 Uhr, Genter Altar 9.30–17, So, Fei 13–17 Uhr, www.sintbaafskathedraal.be).

*Stadhuis 10

Das Rathaus zeigt verschiedene architektonische Stile: Die Fassade zur Hoogpoort ist von der Spätgotik, die zum Botermarkt von der Renaissance geprägt. Im Inneren beeindrucken der Arsenalsaal mit schönem Holzgewöl

be und der Pazifikationssaal mit einem schwarz und weiß gefliesten Fußboden in der Form eines Labyrinths. Es symbolisiert die Suche nach Gerechtigkeit und verweist so auf die frühere Funktion des Raumes als Gerichtssaal (Besichtigung nur im Rahmen von Stadtführungen möglich, Mo–Do 14.30 Uhr).

Werregarenstraat 11

Von der Hoogpoort zweigt bei Haus Nr. 37 die Werregarenstraat ab, eine lange gewundene Gasse. Bunte Graffitikunst bedeckt die Mauern und bildet einen erfrischenden Kontrast zur historischen Umgebung. Damit die denkmalgeschützte Bausubstanz unangetastet bleibt, gibt die Stadt Straßenkünstlern hier Gelegenheit, sich mit ihren Spraydosen legal auszutoben. Resultat ist **eine knallbunte Bilderflut, die stetig in Veränderung begriffen ist** – und ganz nebenbei beweist, dass Gent kein Museum, sondern sehr lebendig ist.

Vlasmarkt 12

Der Platz wird gesäumt von historischen Gildehäusern. Beim »Totempfahl« handelt es sich um ein Monument zu Ehren des Genter Volkssängers Karel Waeri (1842–1898). Es stammt von dem Bildhauer und Volkssänger Walter de Buck, dem Initiator der Gentse Feesten, die jedes Jahr im Juli stattfinden.

Der Vlasmarkt ist eine beliebte Ausgehadresse. Freitags, samstags und sonntags findet bei der **Sint-**

**Genter Altar

12

Er ist eines der berühmtesten Kunstwerke der Welt. Und wenn man davorsteht, ist man in der Tat überwältigt: Eine Bilderflut von 26 Tafeln auf einer Fläche von 3,50 x 4,50 m , die christliche Heilsgeschichte von der Erschaffung der Welt bis zum Jüngsten Tag darstellend. Und was für Bilder! Jan und Hubert van Eyck schufen im 15. Jh. in leuchtenden Farben und mit revolutionärer Maltechnik Szenen von einer atemberaubenden Detailgenauigkeit – fast glaubt man, die kostbaren Stoffe, die Blumen auf der Wiese berühren zu können.

In geöffnetem Zustand zeigt der Altar im oberen Teil Christus als Weltenherrscher, Maria und Johannes den Täufer. Auf den Seitenflügeln wird die Gruppe von Engelschören sowie Adam und Eva begleitet. Das erste Menschenpaar war ursprünglich nackt, doch ließ der österreichische Kaiser Joseph II. im 18. Jh. die Tafel durch eine »schicklichere« Kopie mit Feigenblatt ersetzen. Der untere Teil stellt die Auserwählten dar, die das Lamm Gottes anbeten. Es steht auf einem Altar, aus einer Wunde in der Brust strömt Blut in einen Kelch. Die komplizierte Symbolik des Altars hat ganze Scharen von Wissenschaftlern zu Dissertationen angeregt, unzählige Kunstgeschichtler und Theologen haben über ihre mögliche Bedeutung spekuliert, aber das größte Geheimnis wurde bis heute nicht gelüftet: Die Tafel »Die Gerechten Richter« wurde 1934 gestohlen und ist bis heute nicht wieder aufgetaucht. In der Kathedrale zu sehen ist eine Kopie.

Im Stadtmuseum kann man diesem und anderen Rätseln des Genter Altars nachgehen (STAM, Godshuizenlaan 2, Di–So 10–18 Uhr, www.stamgent.be). Seit Oktober 2012 wird das Kunstwerk restauriert, die jeweils in Arbeit befindlichen Tafeln sind dann im Museum voor Schone Kunsten > S. 126 zu sehen.

Jakobskerk, einem der ältesten Gotteshäuser der Stadt, ein bunter Flohmarkt statt.

Vrijdagmarkt 🔢

Im Mittelalter war der Vrijdagmarkt Mittelpunkt des öffentlichen Lebens: Hier wurde gefeiert und gehandelt, hier wurden Urteile gesprochen und Hinrichtungen ausgeführt. In der Mitte des Platzes steht das Denkmal von Jacob van Artevelde (1290–1345). Er beendete das Einfuhrverbot für englische Wolle und bescherte Gents Tuchindustrie so eine neue Blüte. Aus der historischen Bebauung sticht **Ons Haus** (Nr. 9/10) heraus, einst Sitz der sozialistischen Arbeitervereinigung. Es wurde um 1900 erbaut, als Gent Hochburg des belgischen Sozialismus war.

Dulle Griet 🔢

Das gewaltige schmiedeeiserne Geschütz auf dem Grootkanonplein war angeblich in der Lage, 300 kg schwere Kugeln zu verschießen, konnte seine zerstörerische Kraft aber nie unter Beweis stellen.

Nightlife

Dulle Griet
Vrijdagmarkt 50
In der Traditionskneipe gibt es 250 verschiedene Biersorten, auch Trappistenbiere und viele Gueuze- und Kriekbiere aus kleinen Brauereien. Probieren sollte man hier den Lokalmatador unter den Genter Bieren, das »Delirium Tremens« (www.delirium.be). Mo 16.30–1, Di–Sa 12–1, So 12–19.30 Uhr.

Patershol

In dem eng bebauten mittelalterlichen Quartier lebten ursprünglich Handwerker, später entwickelte es sich zum Arbeiterviertel. In den 1970er-Jahren wurde es saniert und ist heute In-Spot mit jeder Menge origineller Läden und kleiner gemütlicher Lokale. Ob japanische, thailändische oder flämische Küche – hier ist alles vertreten. Das ***Huis van Alijn** 🔢, ein Komplex von Stiftungshäusern rund um einen malerischen Innenhof, beherbergt heute ein Museum zur Genter Alltagskultur mit Handwerksstätten, Puppen- und Spielesammlung (Kraanlei 65, Di–Sa 11–17, So 10–17 Uhr, www.huisvanalijn.be).

Restaurant

De 3 Biggetjes
Zeugsteeg 7][Tel. 09 224 46 48
www.de3biggetjes.com
Belgisch-französische Feinschmeckerküche zu akzeptablen Preisen; ein sehr gutes Preis-Leistungs-Verhältnis bietet das »Suggestiemenu«. Sa Mittag, So und Mi geschl. ●●

*Groot Vleeshuis 🔢

Das Große Fleischhaus mit seinem prächtigen offenen Holzgebälk aus dem 15. Jh. ist heute eine Markthalle. **Hier findet man alle ostflämischen Spezialitäten,** von Gandaschinken über das berühmtberüchtigte »Delirium Tremens« bis zu den geleeartigen Cuberdons, einer auch als »Genter Nasen« bekannten Süßigkeit (Groentenmarkt 7, Di–So 10–18 Uhr, www.grootvleeshuis.be).

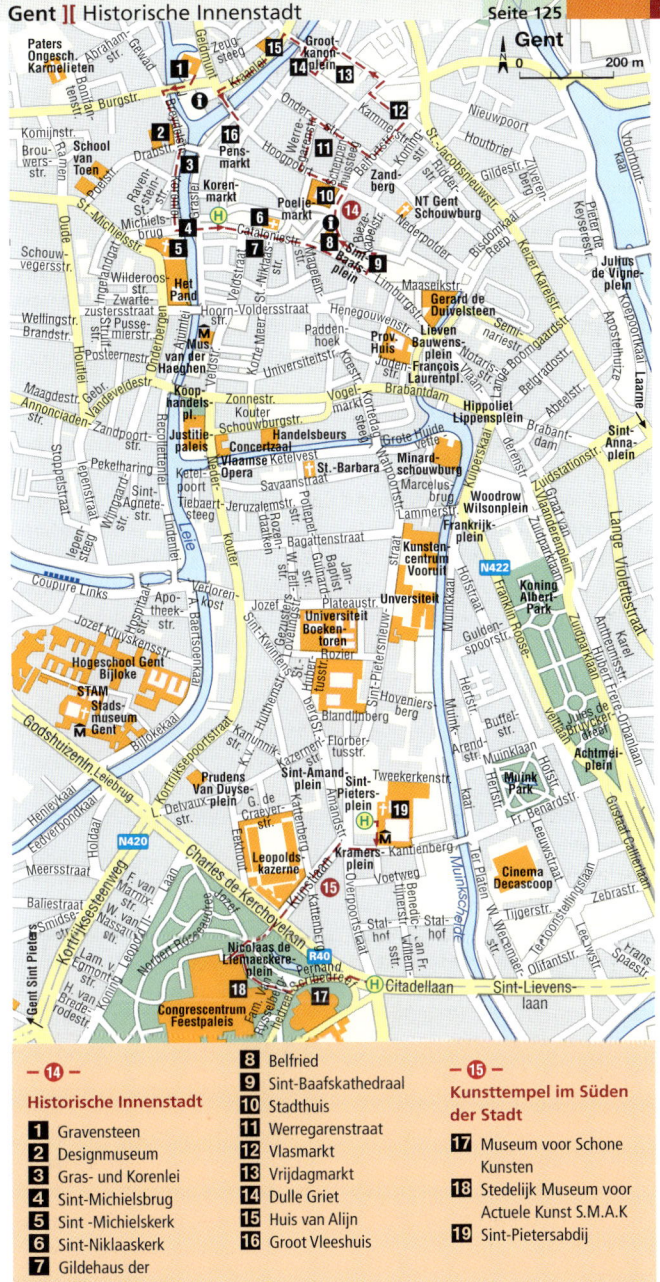

Gent

0   200 m

Kunsttempel im Süden der Stadt

– ⑮ – **Museum voor Schone Kunsten** › **Stedelijk Museum voor Actuele Kunst S.M.A.K.** › **Sint-Pietersabdij**

Dauer/Länge: 2–3 Std.; 1 km
Praktische Hinweise: Bus Nr. 5 hält am Citadelpark (Haltestelle Heuvelpoort) und am Sint-Pietersplein. Montags haben die Museen geschlossen.

Museum voor Schone Kunsten ⑰

Die hochkarätige Sammlung umfasst Werke europäischer Meister vom Mittelalter bis zum 20. Jh., der Schwerpunkt liegt auf flämischer Malerei. Highlights sind Hieronymus Boschs »Kreuztragung« und Rubens' »Geißelung Christi«. Die Kunst des 19. und 20. Jhs. ist durch Werke von Emile Claus, James Ensor und Constantin Permeke vertreten. Ab Oktober 2012 kann im Museum die Restaurierung des Genter Altars verfolgt werden (Citadelpark, Di–So, Fei 10–18 Uhr, www.mskgent.be).

Stedelijk Museum voor Actuele Kunst ⑱

Das Museum für zeitgenössische Kunst (S.M.A.K.) zeigt in der ständigen Sammlung Werke belgischer und internationaler Größen wie Francis Bacon, Joseph Beuys, David Hammons, Thomas Schütte, Marcel Broodthaers und Panamarenko. Originelle, teils gewagte Wechselausstellungen ergänzen das Programm. Das angesagte Museumscafé ist auch am Abend geöffnet (Citadelpark, Di–So 10–18 Uhr, www.smak.be).

*Sint-Pietersabdij ⑲

Die östlich des Citadelparks gelegene Abtei wurde bereits im 7. Jh. gegründet. Als sie unter der französischen Revolutionsregierung aufgelöst wurde, war sie die größte und prächtigste Abtei der Niederlande. Heute noch erhalten sind die Klosterkirche, bei deren Bau der Petersdom Pate stand, und das mittelalterliche Refektorium. Herrlich ist ein Spaziergang durch den Garten, in dem Lavendel blüht und sogar Weinreben angebaut werden. Die Genter Kunsthalle veranstaltet in der Sint-Pietersabdij regelmäßig Ausstellungen, die auch international Beachtung finden (Sint-Pietersplein 9, Di–So 10–18 Uhr, www.sintpietersabdijgent.be).

Echt gut

Infos

Toerisme Gent
Oude Vismijn][**Sint-Veerleplein 5**
Tel. 09 266 56 60
www.visitgent.be
April–Okt. 9.30–18.30, Nov.–März 9.30–16.30 Uhr

Aktivitäten

■ **Stadtführungen:** Mai–Okt. tgl. 14.30 Uhr, sonst nur Sa, Treffpunkt Fremdenverkehrsamt.

■ **Kutschfahrten:** Am Sint-Baafsplein stehen ganzjährig von 10 bis 18 Uhr Kutschen zu 30-minütigen Rundfahrten bereit. 30 €/Kutsche (4–5 Pers.).

Im Stedelijk Museum voor Actuele Kunst

■ **Bootstouren:** März–Okt. alle 20 Min. ab Korenlei und Graslei, 6,50 €, verschiedene Anbieter, u. a. **Boat in Gent** (www.boatingent.be).

■ **Radverleih: Biker,** Steendam 16, 9–12.30, 13.30–18 Uhr, 9 €/Tag, **www.bikerfietsen.net**

Unterkunft

■ **Marriott Hotel**
Korenlei 10][**Tel. 09 233 93 93**
www.marriottghent.com
Bestes Haus am Platz in Traumlage an der Korenlei. Das historische Gebäude bildet den noblen Rahmen, das moderne Design gibt den Glamour-Kick. Während des »Flanders International Film Festival Ghent« im Oktober sind hier Stars und Sternchen zu Gast. ●●●

■ **Hotel Gravensteen**
Jan Breydelstraat 35
Tel. 09 225 11 50
www.gravensteen.be
Stilecht wohnt man in den komfortablen Zimmern des Gründerzeitbaus, nur ein Hauch von Luxus, aber jede Menge Respekt vor der Grafenburg, auf die man von einigen Zimmer aus sehen kann. ●●

■ **Hotel Harmony**
Kraanlei 37][**Tel. 09 324 26 80**
www.hotel-harmony.be
Das 4-Sterne-Hotel liegt im Patershol, dem ältesten Viertel der Stadt. Von den 20 stilvoll eingerichteten Zimmer bieten viele einen traumhaften Blick. ●●

■ **Atlas Bed & Breakfast**
Rabotstraat 40][**Tel. 09 233 49 91**
www.atlasbenb.be
Das B & B in einem Herrenhaus aus dem 19. Jh. verfügt über 4 große Zimmer. **Jedes empfängt seine Gäste mit der Atmosphäre eines anderen Kontinents.** Im Salon kann man es sich vor dem Kamin gemütlich machen. ●

Echt gut!

■ **Chambre plus**
Hoogpoort 31][**Tel. 09 225 37 75**
www.chambreplus.be
Kleines Bed & Breakfast mitten in der Altstadt mit drei individuell eingerichteten Zimmern. Das leckere Frühstück wird im Wintergarten serviert. ●

Flemish Foodies …

… nennen sich drei Jungstars der Genter Gastroszene, die sich mit 25 Jahren ihren ersten Michelin-Stern erkocht hatten. Inzwischen eröffneten die drei eigene Lokale, in denen sie Extravagantes mit Zutaten aus der Nordsee und der flämischen Provinz zaubern. Und das ab 25 € pro Mittagsmenü (www.flemishfoodies.be)!

■ **De Vetrine**
Brabantdam 134 B
Tel. 09 33 62 808
www.de-vitrine.be
In einer ehemaligen Metzgerei kreiert Kobe Desramaults Menüs mit überraschenden Kombinationen, beispielsweise Seezungenfilet an knusprig gebackener Hirse mit leicht frittierten Hopfenblättern. Sa mittags, So, Mo geschl. ●●

■ **J.E.F.**
Lange Steenstraat 10
Tel. 09 336 80 58][**www.j-e-f.be**
Jason Blanckaert und Famke Dequidt sind bekannt für ihre »Goestjes« (kleine Snacks), die jeden Freitagabend von 22.30–1 Uhr serviert werden (5 Goestjes 20 €). Sa mittags, So, Mo geschl. ●●

■ **Volta**
Nieuwe Wandeling 2b
Tel. 09 324 05 00
www.volta-gent.be
Olly Ceulenaeres verarbeitet in den Räumen eines früheren E-Werks regionale Produkte mit internationalen Techniken. So wird die Nordseegarnele dem japanischen Verfahren des Tunfischtrocknens unterzogen und dann zur Suppe aufgeschäumt. So, Mo geschl. ●●

Restaurants

■ **House of Eliott**
Jan Breydelstraat 36
Tel. 09 225 21 28
www.thehouseofeliott.be
Verspieltes Ambiente mit nostalgischen Theaterrequisiten. Fisch und Meeresfrüchte in kreativen Varianten wie »Jakobsmuscheln im Speckmantel«. Di, Mi geschl., Do ab 18 Uhr, sonst 12–14 Uhr. ●●●

■ **Jan Van den Bon**
Koning Leopold II.-Laan 43
Tel. 09 224 90 85
www.janvandenbon.be
In einem alten Patrizierhaus kreiert Jan Van den Bons innovative Gerichte aus saisonalen Produkten. **Vom Brot über die Pralinen zum Kaffee stammt alles aus eigener Herstellung,** die Kräuter aus dem eigenen Garten, auf den man vom Restaurant aus blickt. Sa Mittag, So und Mo geschl. ●●●

Echt gut

■ **Belga Queen**
Graslei 10][**Tel. 09 280 01 00**
www.belgaqueen.be
In einem alten Getreidespeicher am Wasser werden mittags kreative Gourmetmenüs serviert, abends À-la-carte-Leckereien mit regionalen Spezialitäten wie Gandaschinken und Tierenteyn-Senf. Die vegetarischen Kreationen sind kleine Kunstwerke. Do, Fr und Sa abends sorgen DJs für Stimmung. ●●

■ **Chez Leontine**
Groentenmarkt 10–11
Tel. 09 225 92 56
www.chezleontine.be
Solide Hausmannskost zu äußerst fairen Preisen. Beliebt: Biergulasch mit Fritten und Mayo. Oder man probiert Genter Waterzooi (Eintopfgericht mit Hähnchen oder Fisch). Di, Mi und So abends geschl. ●●

■ Restaurant Du Progrès

Korenmarkt 10][Tel. 09 225 17 16
www.duprogres.be/
Bei Gentern beliebt, Spezialität sind
Steaks in unterschiedlichen Zubereitungen. Di und Mi geschl. ●

■ Da Phillipe

Groenter Markt
In der Frittenbude, meinen viele Genter,
gibt es die besten Pommes der Stadt.
Und das auch zu vorgerückter Stunde
für gestrandete Nachtschwärmer.

■ Gruut

Grote Huidevettershoek 10
Tel. 09 269 02 69][www.gruut.be
In der Stadtbrauerei wird »Gruut Am-
ber« noch mit der Würze Gruut gebraut. Bei den Besichtigungen mit De-
gustation werden als Häppchen Käse,
Paté, Schinken und Tierenteyn-Senf
serviert. Mo, Di, Mi 11–18, Do, Fr, Sa
11 Uhr bis open end, 12 €/Pers., Anmeldung erforderlich.

Shopping

■ Einkaufsstraßen:
Filialen großer
Ketten findet man in der **Veldstraat**
und **Lange Munt.** In der **Volderstraat,**
der **Henegouwenstraat** und **Mage-
leinstraat** gibt es kleinere Boutiquen.

■ Chocolatier L. van Hoorebeke

Sint-Baafsplein 15
www.chocolatesvanhoorebeke.be
Handgemachte Pralinen, bei deren
Herstellung man zusehen kann.

■ Temmermann

Kraanlei 79
Verführungen aus Schokolade und
Kandiszucker. Eine der Spezialitäten des
Familienbetriebs sind »Gentse Neuzen«
(Genter Nasen) aus Fruchtgelee.

■ Chocolatier Yuzu

Walpoortstraat 11
Bei der Pralinenherstellung werden
Gewürze und Früchte aus Asien, aber
auch regionale Produkte wie Tierenteyn-Senf verwendet.

Donnerstag ist Veggie-Tag in Gent

»Wenn jeder der 240 000 Einwohner der Stadt Gent ein Jahr lang nur an einem
Tag der Woche kein Fleisch isst, dann entspricht die CO_2-Ersparnis dem Ausstoß
von 18 000 Autos.« Auch den Bürgermeister überzeugte dieses Argument des
indischen Klimaexperten Dr. Rajendra Pachauri, den die Vegetarierorganisation
EVA (Ethical Vegetarian Alternative) 2008 nach Gent eingeladen hatte. Seit Mai
2009 ist in Gent »Donderdag Veggiedag«, Donnerstag Gemüsetag. Dem Klima
zuliebe gibt es in allen öffentlichen Kantinen und Schulmensen ein vegetarisches Hauptgericht, auch auf offiziellen Empfängen lautete die Devise »Gemüse satt«. Auf dem vegetarischen Stadtplan »A Guide to Veggie Ghent« (kostenlos beim Tourismusamt erhältlich) sind neben rein vegetarischen Restaurants
auch solche aufgelistet, die mindestens ein vegetarisches Gericht auf der Karte
haben, sowie Adressen von Imbissbuden, in denen das belgische Nationalgericht Fritten mit Pflanzenöl zubereitet wird. Unter dem Motto »Mehr als Käse
und Marmelade« findet man Unterkünfte, die ein leckeres vegetarisches Frühstück servieren. Gent ist überhaupt eine vegetarierfreundliche Stadt, die Zahl
der vegetarischen Restaurants ist überdurchschnittlich und auch auf den Spei-
sekarten der Spitzenrestaurants sind vegetarische Gerichte stark vertreten.

Ein beliebtes Mitbringsel: Genter Tierenteyn-Senf

■ **Tierenteyn**
Groenter Markt 3
www.tierenteyn.be
Bereits seit dem 18. Jh. bestehender Spezereienladen, der für seinen hausgemachten Senf berühmt ist.

Nightlife

■ **Vlaamse Oper**
Box Office Schouwburgstraat 3
Tel. 070 22 02 02
http://vlaamseopera.be
Der prachtvolle Saal mit dem beeindruckenden Kronleuchter ist schon für sich sehenswert. Tickets für das hochkarätige Programm gibt es im Internet.

■ **'t Dreupelkot**
Groentenmarkt 12
www.dreupelkot.be
Der Wirt ist eine Institution, sein Lokal ist winzig, bietet aber über 100 Sorten belgischen Genever an. Tgl. ab 16 Uhr.

■ **Jazzclub Damberd Cafe**
Korenmarkt 19][**www.damberd.be**
Seit 30 Jahren die erste Adresse der Stadt für Jazz.

■ **Charlatan**
Vlasmarkt 6][**www.charlatan.be**
Beliebtes Lokal mit Livemusik.

■ **Genter Lichtplan**
Der Lichtgestalter Roland Jeol hat das Konzept entwickelt: Sobald es dunkel wird, beginnen Tausende von Lampen und Spots, verteilt über die ganze Stadt, zu leuchten (Faltblatt »Gent illuminiert« beim Verkehrsamt).

Echt gut

Ausflug von Gent

*Kasteel van Laarne

7 km östlich von Gent lockt mit Schloss Laarne eines der besterhaltenen Wasserschlösser Belgiens. Im 12. Jh. enstand hier eine erste Befestigung, die im 13./14. Jh. zur Burg ausgebaut wurde. Im 17. Jh. erfolgte die Umgestaltung zum Lustschloss. Heute sind hier Einrichtungsgegenstände aus dem 16. bis 18. Jh. zu bewundern. Nach der Besichtigung lädt das Schlossrestaurant zur Einkehr ein (Mai–Sept. So 10–15 Uhr, Juli/Aug. auch Do, www.slotvanlaarne.be; Busse Nr. 34 und 36 ab Bahnhof Sint Pieter, alternativ reizvolle Radtour entlang der Schelde, vorbei an kleinen Schlösschen in Heusden).

Touren in Ostflandern

Entlang der Leiestreek

16 Gent › Sint-Martens-Latem › Deurle › Schloss Ooidonk › Deinze › Gent

Dauer/Länge: 1–2 Tage; 55 km
Praktische Hinweise: Diese Tour kann per Pkw, mit dem Boot (Halbtagesausflug mit Aufenthalt in Sint-Martens-Latem, www.benelux-rederij.com) oder dem Fahrrad unternommen werden (Radverleih in Gent › S. 127, Karte und Tourenbeschreibung bei Toerisme Oost-Vlaanderen, www.tov.be). Vom Genter Bahnhof Sint Pieter fährt Bus Nr. 14 nach Sint-Martens-Leerne, Bachte-Maria-Leerne (Schloss Ooidonk) und Deinze, die Busse Nr. 34, 35 und 36 halten in Sint-Marten-Latem (www.delijn.be). Allgemeine Informationen zur Leiestreek unter www.toerisme-leiestreek.be.

Diese Tour folgt der Leie, die sich durch eine liebliche grüne Landschaft schlängelt, vorbei an Bauerndörfern, Schlössern und Windmühlen. Die Gegend im Südwesten Gents zog um 1900 viele Künstler an, deren Werke in Museen und Galerien entlang der Strecke zu sehen sind. Erstes Etappenziel ist **Sint-Martens-Latem** › S. 132, das einer bedeutenden belgischen Künstlergruppe den Namen gab. Weiße Häuschen säumen hier eine große Flussschleife, die man in vielen Werken der Latemer Schule als Motiv wiederfinden wird. In **Deurle** › S. 132 können die Ateliers von Gust und Leon de Smet besichtigt werden, zwei bedeutenden Vertretern der Latemer Schule. Beim Anblick von ****Schloss Ooidonk** › S. 133 fühlt man sich an die Loire versetzt. Die Tour endet in **Deinze** › S. 133, wo ein Museum über das Kunstschaffen, aber auch über den historischen Alltag in der Leie-Region informiert.

Flämische Ardennen

17 Gent › Geraardsbergen › Oudenaarde › Gent

Dauer/Länge: 1–2 Tage; 100 km
Praktische Hinweise: Die Tour kann man per Pkw oder – ganz stilecht – mit dem Rad unternehmen. Radverleih in Gent u. a. bei Biker › S. 127. Karten und Tourenbeschreibungen bei Toerisme Oost-Vlaanderen, Sint-Niklasstraat 2, Mo–Fr 9–12, 13.15–16.45 Uhr, www.tov.be. Allgemeine Infos über die Region unter www.toerisme vlaamseardennen.be.

Auf dieser Tour lernt man zwei charmante ostflämische Provinzstädte kennen, die zugleich Pilgerziele für Radsportfans sind: In der hügeligen Landschaft der Flämischen Ardennen wird die Ronde van Vlaanderen ausgetragen, die legendäre Flandernrundfahrt. Einen ihrer Höhepunkte bildete die »Mauer« von **Geraardsbergen** ❯ S. 136, die wohl für immer ein Mythos bleiben wird, auch wenn sie seit 2012 nicht mehr Teil der Streckenführung ist. Der mörderische Anstieg zum 110 m hohen Oudeberg (110 m) führt über eine schmale Straße mit Kopfsteinpflaster und 23 % Steigung.

In *Oudenaarde ❯ S. 137 liegt der Zieleinlauf der Flandern-Rundfahrt, hier gibt das Centrum Ronde van Vlaanderen einen guten Überblick über die Geschichte des wichtigsten belgischen Radsportevents. Wer nicht selbst in die Pedale treten möchte, kann sich hier mit Johan Museeuw virtuell den Koppenberg hinaufquälen.

Unterwegs in Ostflandern

Sint-Martens-Latem [20]

Um 1900 gründeten flämische Künstler um George Minne in der malerischen Gegend eine erste Künstlergruppe, die als Latemer Schule bekannt wurde. Eine zweite bildete sich in den 1920er-Jahren um den Expressionisten Constant Permeke, sie hatte großen Einfluss auf die belgische Moderne. Bedeutende Werke der Latemer Schule sind in der **Galerie Oscar De Vos** ausgestellt (Sa, So 14–18 Uhr, www.oscardevos.be).

Reiche Genter haben inzwischen den Reiz des Künstlerdorfs für sich entdeckt und teure Anwesen gebaut. Auf dem Golfplatz schlägt ab und an auch der belgische König ab – **das beschert dem kleinen Dorf eine feine Gastroszene.**

Echt gut!

Infos

Dienst Toerisme
Dorp 1][Tel. 09 282 17 70
www.sint-martens-latem.be

Unterkunft/Restaurants

■ **Auberge du Pêcheur**
Pontstraat 41][Tel. 09 282 31 44
www.auberge-du-pecheur.be
Das 4-Sterne-Hotel am Ufer der Leie besitzt eine schattige Terrasse mit Blick auf den Fluss. Hier serviert das Restaurant »Orangerie«, das von Michelin mit einem Stern prämiert wurde, großartige Fischgerichte. ●●●

Deurle [21]

Im benachbarten Deurle überrascht in einem kubischen weißen Bau das **Museum Dhondt-Dhaenens** mit einer umfangreichen Sammlung moderner Kunst. Zu den hier vertretenen belgischen

Schloss Ooidonk wird von einem schönen Park umgeben

Malern gehören James Ensor, Constantin Permeke und René Magritte, hinzu kommen Werke u. a. von Andy Warhol, Sol LeWitt, Gilbert & George und Thomas Schütte. Sonderausstellungen präsentieren zeitgenössische Kunst, daneben werden regelmäßig Konzerte, Lesungen und Kurse veranstaltet (Museumslaan 14, Di–So 10–17 Uhr, www.museumdd.be).

**Schloss Ooidonk 22

Das in den Leie-Auen gelegene Wasserschloss gehört dank seiner prächtigen Architektur und des weitläufigen Parks zu den schönsten Schlössern Flanderns. Während der Religionskriege wurde es mehrfach zerstört. Nach einem Brand wurde Ooidonk im flämisch-spanischen Stil neu aufgebaut. Mit seinen Türmen, Treppengiebeln und vielen Schornsteinen

erinnert es an Loire-Schlösser. Heute bewohnt Graf Juan t' Kint de Roodenbeke das Anwesen, das aber besichtigt werden kann. Auf dem Rundgang bekommt man kostbare Möbel, Silberarbeiten, Wandteppiche und Familienporträts zu sehen. Anschließend lohnt ein Spaziergang durch den Park (April–Sept. So, Fei 14–17.30, Juli/Aug. auch Sa, www.ooidonk.be).

Deinze 23

Weitere Werke von Künstlern der Latemer Schule sind im **Museum van Deinze en de Leiestreek** zu sehen. Die gut bestückte volkskundliche Sammlung dokumentiert die Seiden- und Spielzeugindustrie, von der Deinze im 19. und frühen 20. Jh. lebte (Lucien Matthyslaan 3–5, Mo–Fr 14–17.30, Sa, So, Fei 10–12, 14–17 Uhr).

Ganz in der Nähe, bei **Bachte-Maria-Leerne,** wird in der Brennerei Filliers seit 1880 Korn ge-

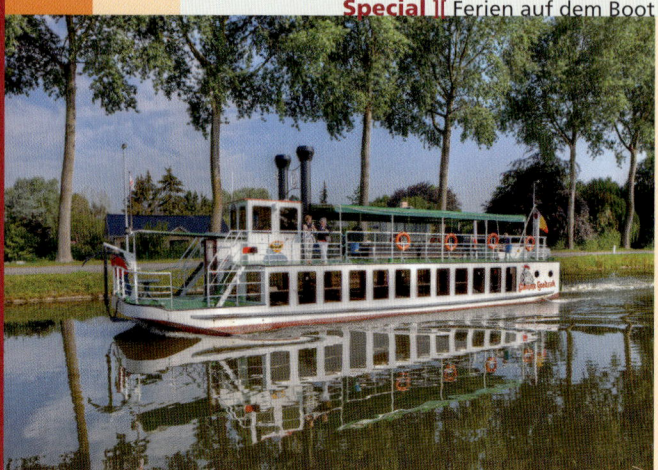

Special

Flandern vom Wasser aus entdecken

Flandern besitzt das größte Wasserstraßennetz Europas: Neben den breiten Kanälen mit ihrem geschäftigen Berufsverkehr schlängeln sich malerische Flüsse durch die Region. Das Boot gleitet durch die rasch wechselnde Landschaft, man entdeckt am Ufer trutzige Burgen und idyllische Dörfer, ebenso geht es durch einsame Natur, wo nur die Vögel zwitschern. Beinahe ganz Flandern ist mit dem Boot zu erkunden, und immer wieder kann man kleine Highlights entdecken, die einem mit dem Bus oder dem Auto verborgen geblieben wären.

Tagestrip oder Rundreise?

Sie können als Gast an Deck eines alten Raddampfers einen kleinen Ausflug unternehmen. Vielleicht von Brügge aus ins idyllische Städtchen Damme? Der Nostalgiedampfer »Lamme Goedzak« verkehrt von Ostern bis Oktober auf der reizvollen Strecke (Infos unter www.bootdamme-brugge.be). Zwischen Juli und September geht es von Diksmuide aus per Dampfer ins historische Ieper. Oder wollen Sie das opulente Dinner auf einer »Captain's Cruise« probieren? Dann buchen Sie einen Ausflug zwischen Diksmuide und Nieuwport (Programm unter http://seastar.be). Sie haben jede Menge Auswahlmöglichkeiten. In manchen Provinzen werden auch kombinierte Touren mit Rad und Boot angeboten wie etwa die Scheldeveren-Route in Ostflandern oder gastronomische Touren in Flämisch-Brabant.

Oder möchten Sie noch lieber Ihr eigener Kapitän sein? In Flandern können Sie ohne Führerschein ein Boot mieten. Unter www.waterrecreatie.be finden Sie eine Adressenliste von Unternehmen, die Motorjachten in verschiedenen Größen anbieten. Geschultes Personal erklärt Ihnen auf einer Übungsfahrt die grundlegenden Manöver: Steuerstand unter Deck, vom Freideck aus lenken, beschleunigen, Tempo drosseln oder mit dem Rückwärtsgang bremsen. Noch ein paar praktische Tipps vom erfahrenen Skipper, und es kann losgehen.

Jetzt müssen Sie sich nur noch für eine der Traumrouten entscheiden und sich Wasserwegekarten besorgen (Downloads auf www.waterrecreatie.be).

Entlang der flämischen Kunststädte

Auf dieser 450 km langen Rundreise, die man sehr gut auch als Anfänger bewältigen kann, legen Sie unter anderem in den Kunststädten Antwerpen, Gent, Brügge, Leuven und Mechelen an. Sie gleiten durch idyllische Natur und passieren am Scheldeufer zwischen Antwerpen und Gent u. a. Sint-Bernardus van Hemiksem, eine ehemalige Abtei des Zisterzienserordens aus dem 13. Jh.

Durch die Westhoek

Auf der 133 km langen Route schippern Sie vorbei an pittoresken Dörfern durch die sanfte Polderlandschaft und besichtigen Diksmuide und Ieper, bedeutende Schauplätze des Ersten Weltkriegs. Später bietet es sich an, in dem zauberhaften Städtchen Veurne anzulegen.

Verleih von Hausbooten und Motorjachten:

■ **www.waterrecreatie.be:** Über den Menüpunkt »Adressen« finden Sie eine Liste mit verschiedenen Anbietern von Mietbooten, ferner zahlreiche Routenvorschläge und Wasserkarten.

■ **www.bootsferien-online.ch:** Großes Angebot an zu mietenden Booten in Flandern (4–12 Pers.). Abfahrtshafen ist Nieuwpoort am Oostende-Kanal.

■ **www.nautic-tours.de:** Bootsvermietung und Tourenvorschläge. Abfahrtsorte sind Gent, Nieuwpoort und Eeklo.

■ **www.hausboot-online.de:** Vermietung von Hausbooten, Tourenvorschläge, Einsteigertipps. Abfahrtsorte: Eeklo, Gent und Nieuwpoort.

Die Preise differieren je nach Anbieter, Ausstattung und Jahreszeit. Ein Boot für 4 Personen ist ab ca. 1500 € pro Woche erhältlich.

brannt und zu Genever veredelt. Neben Getreide- und Fruchtgenever werden auch Crème-Genever, Wodka und Whisky gebrannt (Leernsesteenweg 5, Führungen tgl. außer So und Fei nach Voranmeldung unter Tel. 09 386 12 64, www.filliers.be).

Toerisme Deinze
Emiel Clausplein 4][Tel. 09 380 46 01 www.deinze.be

D'Hulhaege
Karel Picquélaan 140
Tel. 09 386 56 16][**www.dhulhaege.be**
Gediegenes Hotel mit 8 individuell gestalteten Zimmern etwas außerhalb von Deinze, mit Restaurant und Garten. ●

Geraardsbergen 24

Am schönen Marktplatz liegt das **Rathaus** mit Staffelgiebeln und Ecktürmchen; es stammt aus dem

16 **Entlang der Leiestrek** Gent ❯ Sint-Martens-Latem ❯ Deurle ❯ Schloss Ooidonk ❯ Deinze

17 **Flämische Ardennen** Gent ❯ Geraardsbergen ❯ Oudenaarde

14. Jh., erfuhr aber in der Epoche der Spätgotik und erneut im Rokoko Überarbeitungen. Vor dem Rathaus steht Belgiens ältestes **Manneken Pis** (1455). Geraardsbergen ist bei Radsportfans durch die »Mauer« bekannt, einen mörderischen Anstieg auf der einstigen Strecke der Flandernrundfahrt. Auf erschöpfte Profi- oder Hobbysportler wartet als Belohnung die kulinarische Spezialität der Stadt: **die Geraardsbergse Mattentaart, ein Kuchen aus Blätterteig, Mandeln und Frischkäse.** Besonders köstlich ist er im »De Erfzonde Koffie- & Theehuis« unweit vom Marktplatz, das bereits seit vielen Jahren von Vater und Sohn geführt wird (Brugstraat 3, www.de-erfzonde.be).

Echt gut!

Infos

Dienst Toerisme
Grote Markt
Tel. 054 43 72 89
www.geraardsbergen.be

*Oudenaarde 25

Das charmante Städtchen an der Schelde wurde durch die hier gefertigten Verdüren, grüne Wandteppiche mit Blüten- und Vogelmotiven, ab dem 15. Jh. wohlhabend. Im ***Huis de Lalaing** kann man die Prachtstücke besichtigen (Bourgondiëstraat 9, Winter Di–Fr 14–17 Uhr, Sommer Di–So). Das reich verzierte ****Stadhuis** im Stil der Brabanter Gotik ist Ausdruck des Wohlstands. Den harmonisch in die Fassade eingefügten Belfried krönt Hanske de Krijger (Häns-

chen der Krieger), das Wahrzeichen Oudenaardes. Im Stadtmuseum zeigt eine Sammlung von Möbeln, Silber, Skulpturen und Gemälden (im Rahmen einer Führung nach Voranmeldung zu besichtigen). Westlich des Marktplatzes ragt die spätgotische **Sint-Walburgakerk** auf, nicht weit entfernt führt ein barockes Portal in den idyllischen **Beginenhof.**

Im ***Centrum Ronde van Vlaanderen** dreht sich alles um die legendäre Flandernrundfahrt. Besucher können die Großtaten von Eddie Merckx und anderen Rennsportgöttern nachvollziehen und interaktiv die Erbarmungslosigkeit des Kopfsteinpflasters spüren. Beim Besucherzentrum starten auch drei Radrundwege durch die Ardennen (Markt 43, Di–So 10–18, 1.–14. Jan. geschl., www.crvv.be).

Infos

Toerisme Oudenaarde
Stadhuis][Tel. 055 31 72 51
www.oudenaarde.be

Unterkunft

Hotel La Pomme d'Or
Markt 62][Tel. 055 31 19 00
www.pommedor.be
Das Hotel liegt am Marktplatz, gegenüber vom Rathaus. 10 elegante Zimmer, Restaurant und Terrasse. ●●

Restaurant

t' Grof Zout
Gasthuisstraat 20][Tel. 054 42 35 46
www.grofzout.be
Der Chefkoch kreiert köstliche Menüs auf der Basis saisonaler Zutaten. Mo, Di und So Abend geschl. ●●

Infos von A–Z

Ärztliche Versorgung

Das belgische Gesundheitssystem ist gut organisiert und effizient. Gesetzlich Versicherte haben bei Vorlage der Europäischen Krankenversicherungskarte (EHIC) Anspruch auf ärztliche Behandlung; die Rechnung muss aber zunächst bar bezahlt werden. Gegen Vorlage der Quittung kann nach der Rückkehr eine Erstattung der Kosten beantragt werden. Empfohlen wird der Abschluss einer privaten Reisekrankenversicherung, die auch einen medizinisch notwendigen Rücktransport einschließt.

Apotheken (flämisch *apotheek,* frz. *pharmacie*) sind durch ein grünes Kreuz oder den Äskulapstab gekennzeichnet. Welche Apotheke jeweils Nachtdienst hat, kann man einem Schild am Eingang entnehmen.

Behinderte
Accessinfo Belgien
Grasmarkt 61][1000 Brüssel
Tel. 070 23 30 50
www.accessinfo.be

Diplomatische Vertretungen
■ **Deutsche Botschaft**
Rue Jacques de Lalaing 8–14
1040 Brüssel
Tel. 02 787 18 00
www.bruessel.diplo.de
■ **Österreichische Botschaft**
Place du Champ de Mars 5
1050 Brüssel
Tel. 02 289 07 00
www.bmeia.gv.at/botschaft/bruessel.html
■ **Schweizer Botschaft**
Rue de la Loi 26
1040 Brüssel
Tel. 02 285 43 50
www.eda.admin.ch/bruxelles

Feiertage
1. Januar (Neujahr)
Ostermontag
1. Mai (Tag der Arbeit)
Christi Himmelfahrt
Pfingstmontag
21. Juli (Nationalfeiertag)
15. August (Mariä Himmelfahrt)
1. November (Allerheiligen)
11. November (Tag des Waffenstillstands)
25. Dezember (Weihnachten)

Geld
Zahlungsmittel in Belgien ist der Euro. Bargeld kann man mit der EC/Maestro-Card an Geldautomaten abheben, aber auch Kreditkarten werden fast überall akzeptiert.

Haustiere
Wer mit Hund oder Katze reist, muss einen EU-Heimtierausweis mit gültiger Tollwutimpfung vorlegen (mindestens einen Monat und höchstens ein Jahr alt), das Tier muss zudem mit einem Mikrochip gekennzeichnet sein (eine Tätowierung ist seit Juli 2011 nicht mehr ausreichend). An den meisten Stränden sind Hunde in der Sommersaison, auch angeleint, nicht zugelassen.

Information
■ **Tourismus Flandern-Brüssel**
Cäcilienstr. 46
50667 Köln
Tel. 0221 270 97 70
www.flandern.com][www.flandern.de
■ **Tourismuswerbung Flandern-Brüssel**
Mariahilfer Straße 121b
1060 Wien
Tel. 01 596 06 60
www.flandern.at

■ **VisitBrussels**
Rue Royale 2–4
1000 Brüssel
Tel. 02 513 89 40
www.visitbrussels.be

■ **Antwerpen Toerisme & Congres**
Grote Markt 15
2000 Antwerpen
Tel. 03 203 95 16
www.antwerpen.be

■ **In&Uit – Toerisme Brugge**
Postfach 744
8000 Brugge
Tel. 050 44 46 46
www.brugge.be

■ **Dienst Toerisme Gent**
Sint-Veerleplein 5
9000 Gent
Tel. 09 266 56 60
www.visitgent.be

■ **Toerisme Vlaams-Brabant**
Provincieplein 1
3010 Leuven
Tel. 016 26 76 20
www.toerisme.vlaamsbrabant.be

■ **Toerisme Provincie Antwerpen**
Koningin Elisabethlei 16
2018 Antwerpen
Tel. 03 240 63 73
www.tpa.be

■ **Toerisme Provincie Oost-Vlaanderen**
Sint-Niklaasstraat 2
9000 Gent
Tel. 09 269 26 00
www.tov.be

■ **Westtoer (Toerisme Provincie West-Vlaanderen)**
Koning Albert I.-Laan 120
8200 Sint Michiels
Tel. 050 30 55 00
www.westtoer.be

Notruf

■ **Polizei:** 101
■ **Feuerwehr und Ambulanz:** 100
■ **Europäische Notrufnummer:** 112
■ **Rotes Kreuz:** 105

Brügges Wahrzeichen: der Belfried am Grote Markt

■ **Apothekennotdienst:** 0900 105 00 (von Belgien aus), www.apotheek.be
■ **SOS Pannenhilfe:** Touring Wegenhulp, Tel. 070 34 47 77 (Französisch und Niederländisch)
■ **Sperrnotruf für Geldkarten:** Alle verlorenen oder gestohlenen in Deutschland zugelassenen Kreditkarten können ebenso wie Handys rund um die Uhr über den Notruf 0049 116 116 gesperrt werden. Eine Liste der angeschlossenen Institute findet man unter www.sperrnotruf.de. Für Karten aus der Schweiz und Österreich gelten die jeweiligen Nummern der einzelnen Anbieter.

Öffnungszeiten

■ Die **Geschäfte** sind generell Mo–Sa von 9 bis 18 oder 19 Uhr geöffnet. Bäckereien und Lebensmittelgeschäfte haben oft sonntags geöffnet und schließen dafür an einem anderen Tag.
■ **Ämter,** auch die Touristeninformationen in kleineren Orten, haben oft über

Mittag geschlossen, die Post ist von 9–12 und 14–17 Uhr geöffnet, samstags 9–12 Uhr. Die **Banken** haben Montag bis Freitag 9–15.30 Uhr, teilweise auch samstags geöffnet.

■ **Museen** sind entweder montags oder dienstags geschlossen, kleinere Museen außerhalb der größeren Städte haben in der Nebensaison (Okt.–März/April) eingeschränkte Öffnungszeiten.

Souvenirs

Die absoluten Klassiker sind Schokolade und Pralinen. In allen Städten gibt es eine große Auswahl – von traditionellen Herstellern bis zu »jungen Wilden«, bei denen man u. a. Kreationen mit Senf oder Schokolade in Lippenstiftform findet. Auch einige belgische Biersorten wie etwa das Trappistenbier sind als Mitbringsel sehr beliebt. Etwas tiefer in die Tasche greifen muss man für handgefertigte Spitzen sowie für Kleidungsstücke und Accessoires von belgischen Designern. In den großen Städten bieten Comicläden nicht nur Literatur, sondern auch Zubehör wie Figuren und Plakate an.

Telefon/Handy/Internet

Belgien hat die Vorwahl 00 32. Nach Deutschland wählt man die 00 49, nach Österreich 00 43, in die Schweiz 00 41, dann die Ortsvorwahl ohne die 0 und die Teilnehmernummer. In Brüssel ist die ehemalige Vorwahlnummer 02 jetzt Bestandteil der Nummer und muss auch innerhalb Brüssels mitgewählt werden, bei Anrufen aus dem Ausland entfällt die Null. Die Auskunft für das Inland ist unter 14 07, die für das Ausland unter 14 04 zu erreichen.

Telefonkarten sind auf Postämtern und an Kiosken erhältlich. Für Auslandsgespräche lohnt sich der Besuch eines Callshops.

Telefonieren mit **Handy** ist problemlos möglich. Es bestehen Roamingverträge mit den Anbietern in Belgien, Infos über die Tarife gibt es bei den einzelnen Telefongesellschaften. Nach der neuesten EU-Roaming-Verordnung gibt es jedoch für alle Bereiche Obergrenzen – im Einzelnen unter www.bundesnetzagentur.de aufgeführt. Bei längerem Aufenthalt lohnen Prepaid-Karten, mit denen die Gebühren für eingehende Anrufe entfallen.

Internetzugang gibt es, kostenlos oder gegen Gebühr, in vielen Hotels, in den Jugendherbergen und in öffentlichen Bibliotheken. In größeren Orten bieten Internet-Cafés ihre Dienste an.

Trinkgeld

In Hotels und Restaurants ist der Service grundsätzlich inbegriffen. Wenn man mit der Bedienung zufrieden war, gibt man dennoch ein Trinkgeld in Höhe von 10 %. Auch bei Taxifahrten ist es üblich, den Rechnungsbetrag um diesen Prozentsatz aufzurunden.

Zoll

EU-Bürger dürfen Waren für den persönlichen Gebrauch zollfrei ein- und ausführen. Als Richtmengen gelten 800 Zigaretten, 400 Zigarillos, 200 Zigarren, 110 Liter Bier, 90 Liter Wein, 10 Liter Spirituosen (Details unter www.zoll.de und www.bmf.gv.at/zoll). Für Reisende aus der Schweiz gelten abweichende Bestimmungen (Informatiionen unter www.ezv.admin.ch).

Urlaubskasse	
Tasse Kaffee	2,50 €
Glas Bier	2–5 €
Fritten mit Soße	2,50 €
Pralinen (15 Stück)	6 €
Fahrradmiete/Tag	ca. 9 €
Benzin/Liter	1,60 €
Taxifahrt (Stadtfahrt)	ca. 15 €

Register

Bildnachweis

Alamy/Arterra Picture Library: 91, 93; Alamy/Stuart Black: 63; Alamy/Falkensteinfoto: 133; Alamy/imagebroker: 50; Alamy/Art Kowalsky: 54; Alamy/Sunpix Travel: 105; Antwerpen Tourismus und Kongress: 72, 81; Bildagentur Huber/Gräfenhain: U2-Top12-03, U2-Top12-11, 5, 42, 99, 111, 117, 118; Bildagentur Huber/Picture Finder: 46; Brasserie Bellevue: 39; DVT Antwerp: 71; Getty Images/AFP: 20; iStockphoto/Hendrik de Bruyne: 26; iStockphoto/Franky de Meyer: 16; iStockphoto/Michael Utech: 6/7, 56, 139; laif/Hoa-Qui/Michel Garnier: 13; laif/Gonzalez: U2-Top12-06, 49, 74; laif/Nick Hannes: 10; laif/Hemis: 79; laif/Kristensen: 31; laif/Rabsch: 82; laif/hemis.fr/Bertrand Rieger: 22, 40/41; laif/Tim Wegner: 68; LOOK-foto/age fotostock: 24/25, 45, 65, 90, 104; LOOK-foto/Sabine Lubenow: 96; Mauritius images/Alamy: U2-Top12-04, 53, 109; Mauritius images/CuboImages: 84; Mauritius images/Marie Krausova: 66; Mauritius images/Martin Moxter: 134; Pixelio/clearlens images: 115; Toerisme Vlaanderen: U2-Top12-05, 2-1, 107; Toerisme Vlaanderen/de Brie: 127; Toerisme Vlaanderen/Carrasco: 58; Toerisme Brugge/Jan Darthet fotografie: 100; Toerisme Vlaanderen/Joel Etzold: 34; Toerisme Vlaanderen/De Kievith: U2-Top12-09, 36, 102; Toerisme Vlaanderen/A. Koupri-anof: U2-Top12-01; Toerisme Vlaanderen/Koen De Langhe: U2-Top12-07, U2-Top12-08, 88, 121; Toerisme Vlaanderen/Nieuwenhof: 114; Toerisme Vlaanderen/Palenicek: 12; Toerisme Vlaanderen/C. Potigny: 18; Toerisme Vlaanderen/Roel Ruttens: 95; Toerisme Vlaanderen/D. Rys: 2-2; Toerisme Vlaanderen/Peter Schoemmans: 77; Toerisme Vlaanderen/J. J. Soenen: 135; Toerisme Vlaanderen/Bastian Werner: 86, 87; Tourismus Flandern/Jens Rufenach: 2-3, 61, 130; Tourismus Flandern Brüssel/Gent Design Museum: 120; Tourismus Flandern Brüssel/Rainer Kiedrowski: U2-Top12-10; Tourismus Flandern Brüssel/Toerisme Mechelen: 89; Web Gallery of Art: U2-Top12-12, 33, 73, 123; Wikipedia (gemeinfrei): U2-Top12-02; Wikipedia/David Edgar: 21; Wikipedia/Donar Reiskoffer: 62.

Polyglott im Internet: www.polyglott.de

Impressum

Wir freuen uns, dass Sie sich für einen Reiseführer aus dem Polyglott-Programm entschieden haben. Auch wenn alle Informationen aus zuverlässigen Quellen stammen und sorgfältig geprüft sind, lassen sich Fehler nie ganz ausschließen. Wir bitten um Verständnis, dass der Verlag dafür keine Haftung übernehmen kann. Ihre Hinweise und Anregungen sind uns wichtig und helfen uns, die Reiseführer ständig weiter zu verbessern. Bitte schreiben Sie uns:
GVG TRAVEL MEDIA GmbH, ein Unternehmen der GANSKE VERLAGSGRUPPE
Redaktion Polyglott, Harvestehuder Weg 41, 20149 Hamburg, redaktion@polyglott.de

Wir wünschen Ihnen eine gelungene Reise!

Herausgeber: GVG TRAVEL MEDIA GmbH
Redaktionsleitung: Grit Müller
Autorin: Beate Kirchner
Redaktion: Anja Lehner, Linha Waleczek
Bildredaktion: Ulrich Reißer
Layout: Ute Weber, Geretsried
Titeldesign-Konzept: Studio Schübel Werbeagentur GmbH, München
Karten und Pläne: Gecko-Publishing GmbH für Polyglott-Kartografie
Satz: Schulz Bild & Text, Mainz
Druck und Bindung: Stürtz Mediendienstleistungen, Würzburg

1. Auflage © 2013 GVG TRAVEL MEDIA GmbH, Hamburg
Printed in Germany
Dieses Buch wurde auf chlorfrei gebleichtem Papier gedruckt.
ISBN 978-3-8464-0008-1

PEFC
PEFC/04-31-1404

Langenscheidt Mini-Dolmetscher Niederländisch

Allgemeines

Guten Morgen.	Goedenmorgen. [chujəmorchə]
Guten Tag. (nachmittags)	Goedendag. [chujədach]
Hallo!	Hallo! [haloh]
Wie geht's?	Hoe gaat het? [hu‿chah‿tət]
Danke, gut.	Goed, dank u wel. [chutt, dang‿kü well]
Ich heiße ...	Ik heet ... [ig‿heht]
Auf Wiedersehen.	Tot ziens. [tottßinß]
heute	vandaag [fandach]
morgen	morgen [morchə]
gestern	gisteren [chißtərə]
vormittags	's morgens [ßmorchəß]
nachmittags	's middags [ßmiddachß]
Abend	avond [ahwənd]
Nacht	nacht [nacht]
Sprechen Sie Deutsch / Englisch?	Spreekt u Duits / Engels? [ßprehk‿tü döitß / engəlß]
Wie bitte?	Wat zegt u? [watt sechtü?]
Ich verstehe nicht.	Ik begrijp het niet. [ig bəchräip‿ət nit]
Sagen Sie es bitte noch mal.	Wilt u het alstublieft herhalen? [willtü‿ət aßtüblift härhahlə]
..., bitte	... alstublieft [aßtüblift]
Danke	Bedankt. [bədankt]
Keine Ursache.	Graag gedaan. [chrah‿chədahn]
was / wer / welcher	wat / wie / welke [watt / wih / wällkə]
wo / wohin	waar / waar naartoe [wahr / wahr nahrtu]
wie / wie viel	hoe / hoeveel [hu / huwehl]
wann / wie lange	wanneer / hoe lang [wannehr / hulang]
Wie heißt das?	Hoe heet dat? [hu het datt]
Wo ist ...?	Waar is ...? [wahr‿iß]
Können Sie mir helfen?	Kunt u mij alstublieft helpen? [könntü mäi aßtüblift hällpə]
ja	ja [jah]
nein	nee [neh]
Entschuldigen Sie.	Neemt u mij niet kwalijk. [nehmtü‿mäi nit kwahlək]
Das macht nichts.	Geeft niet. [chehft nit]
Wie komme ich zur Touristeninformation?	Hoe kom ik naar de V.V.V.? [hu kommig nahrdə weh-wehweh?]

Shopping

Wo gibt es ...?	Waar kan ik ... krijgen? [wahr kannig ... kräichə]
Wie viel kostet das?	Hoeveel kost dat? [huwehl koßtat]
Haben Sie etwas Billigeres?	Hebt u iets goedkopers? [hepptü‿itß chuttkohpərß]
Geben Sie mir 100 g Käse / zwei Kilo Pfirsiche.	Geeft u mij een ons kaas / twee kilo perziken. [chehftü mäi ən onß kahß / tweh kiloh pärsikə]
Haben Sie deutsche Zeitungen?	Heeft u Duitse kranten? [hehftü döitßə kranntə]
Wo kann ich telefonieren / eine Telefonkarte kaufen?	Waar kan ik telefoneren / een telefoonkaart kopen? [wahr kannig telefohnehrə / ən telefohnkahrt kohpə]

Essen und Trinken

Die Speisekarte, bitte.	De menukaart, alstublieft. [də mənükahrt aßtüblift]
Brot	brood [broht]
Kaffee	koffie [koffi]
Tee	thee [teh]
mit Milch / Zucker	met melk / suiker [mett melk / ßöikər]
Orangensaft	sinaasappelsap [ßinahßappəlßapp], jus d'orange [sehü doröseh]
Können Sie mir bitte noch ... bringen?	Kunt u mij alstublieft nog ... brengen? [könntü mäi aßtüblift noch ... brängə]
Suppe	soep [ßup]
Fisch / Meeresfrüchte	vis / schaaldieren [wiß / ßchahldihrə]
Fleisch / Geflügel	vlees / gevogelte [wlehß / chəwohchəltə]
vegetarische Gerichte	vegetarische gerechten [wechetahrißə chərächtə]
Eier	eieren [äiərə]
Salat	salade [ßalahdə]
Dessert	dessert [däßährt]
Obst	fruit [fröit]
Eis	ijs [äiß]
Wein weiß / rot / rosé	wijn [wäin] wit / rood / rosé [witt / rohd / roßeh]
Bier	bier [bihr]
Mineralwasser	mineraalwater [mineralwahtər]
mit / ohne Kohlensäure	spa rood / blauw [ßpah rohd / blau]
Ich möchte bezahlen.	De rekening, alstublieft. [də rehkəning aßtüblift]